Ullrich Wimmer

Alles andere als Alltag

Die heitere Welt der mechanischen Musik

mit Fotos von Roland U. Neumann

Martina Galunder Verlag, Nümbrecht

Copyright 2000

Martina Galunder-Verlag
Alte Zeigelei 22
51588 Nümbrecht-Elsenroth

Telefon 02293/909873
Telefax 02293/909874

Anzeige	Die Welt von Jäger&Bommer, S. 78/79
Drehorgelbau Schlemmer S. 8
Lektorat	Heinrich Lehmann, Waldkirch
Titelbild	Eugéne Atget (1857-1927): Orgelspieler und singendes Mädchen. Mit freundlicher Genehmigung des Rheinischen Bildarchivs Köln.
Layout, Vorstufe, Herstellung	Druck + Service, Plochingen
ISBN	3-931251-59-4

Das Werk ist urheberrechtlich geschützt. Die dadurch begründeten Rechte, insbesondere der Übersetzung, des Nachdrucks, der Entnahme von Abbildungen, der Funksendung, der Wiedergabe auf fotomechanischem oder ähnlichem Wege und der Speicherung auf Datenverarbeitungsanlagen, bleiben, auch bei nur auszugsweiser Verwertung, vorbehalten.

Eine Hinführung

> Es ist sentimental,
> über Mechanisierung zu jammern und
> gedankenlos zu glauben,
> daß Geist, sofern er vorhanden ist,
> durch Mechanik verdrängt würde:
> es sind nur sehr kleine Geister,
> die sich an allem stoßen,
> wenn ihnen nicht genug Raum
> gelassen wird,
> Raum zum Jammern.
>
> (Arnold Schönberg)

> Wer die mechanische Musik
> lediglich als eine unlautere
> Konkurrenz der Musik
> betrachtet,
> wird natürlich nichts mit
> ihr anzufangen wissen.
>
> (Paul Hindemith)

Inhalt

Der Autor: Dr. Ullrich Wimmer   6
Wilfried Hömmerich: Zum Geleit   7

I. Als wär' das Spiel von mir ...

Über Spiel- und Musikdosen   9
L'homme e la machine ... Über Androiden und Automaten   17
Von Glockenspiel, Saiten- und Flötenklang   21

II. Orgelum, Orgelei, Dudeldumei ...

Über Drehorgeln, ihre Geschichte und Menschen
hinter und vor Leierkästen   31
Drehorgelklang und Komponisten   48
Die Drehorgel, das ungeliebte, närrische, störende Instrument   54
Kurze Bemerkungen zu Großorgeln   60
Die Drehorgel in der Kirche und in besseren Häusern   62

III. Von Orgelbauern, Arrangeuren, Organetten und Leierkastenmusik für Vögel und Kinder

Zentren des Drehorgelbaus   65
Die Arrangeure, vier Beispiele   67
Ein Friedhofsbesuch in Waldkirch   69
... nicht den Körper, sondern auch seine Seele müßt ihr suchen –
Bemerkungen zu einer Figurendrehorgel von I. B. Bruder   69
Die bürgerliche Rehabilitation der Drehorgel oder von Organetten   73
Vogelstimmen und Vogelsang, über Serinetten und Vogelautomaten   81
Die Drehorgel und die Kinder   89

IV. Allerlei Audiomatophone, vielsaitiger geht's schwerlich

Über die Vielfalt mechanischer Musikinstrumente	99
Von Sprechmaschinen und anderen Wiedergabegeräten ...	109
Hinweise zur zeitgenössischen mechanischen Musik	115
Vom Sammeln und Zeigen	116

V. Anhang

Literatur	121
Sachregister	129

Der Autor

Dr. Ullrich Wimmer wurde 1947 in Zittau/Oberlausitz geboren. Nach dem Abitur in Köln am Rhein studierte er Theologie und Philosophie in Wuppertal, Münster und Bonn, war dann wissenschaftlicher Assistent und Dozent für Systematische Theologie an der Universität Köln, später Gemeindepfarrer in Waldbröl, danach Thelogischer Referent, heute Thelogischer Dezernent im Landeskirchenamt der Evangelischen Kirche im Rheinland in Düsseldorf.
Mitarbeit am Evangelischen Gesangbuch, Gütersloh, Bielefeld, Neukirchen-Vluyn 1996; wichtige Veröffentlichungen: Geistestheologie, Studien und Dokumente zur Theologiegeschichte, Bd. I, Neuss 1978, Blickpunkt Kirche, Düsseldorf 1994, 2. Auflage 1996; diverse Arikel in Lexika und Zeitschriften, hier auch zum Thema mechanische Musik.
Ihr gehört seine Freizeit. In „Die heitere Welt der mechanischen Musik" (ver)führt er als Sammler mechanischer Musikinstrumente, als Drehorgelspieler und Moritatensänger bei Straßenmusik-Festivals, in Konzerten und Vorträgen in Museen und Hochschulen, unter dem Circuszelt sowie in Kirchen - und hier nun seinem Buch, geradezu eine Pflichtlektüre für alle Freundinnen und Freunde selbstspielender Musikinstrumente - solche, die in Gefahr sind, Liebhaberinnen oder Liebhaber musikalischer Kuriositäten wie der Spieldose, der Drehorgel, des Pianolas oder des Orchestrions zu werden.

Zum Geleit

Alles andere als Alltag. Die heitere Welt der mechanischen Musik - unter diesem Namen entstand und wächst - so hoffe ich - weiterhin eine Sammlung selbstspielender Musikinstrumente, die des Drehorgelspielers und Mitglieds im Club Deutscher Drehorgelfreunde e.V., unseres Freundes Dr. Ullrich Wimmer. Das vorliegende Buch entstand mit seiner Collection. Zunächst notierte er im Laufe seiner langjährigen Sammelleidenschaft, was sich im Zusammenhang des Erwerbs eines Instruments über dasselbe, den Hersteller, die Vorbesitzer, das soziokulturelle Umfeld herausfinden ließ. Das Studium von Fachpublikationen gab das Seine dazu. Sein zunehmend geschärfter Blick fand in der schönen Literatur das eine und andere zum Thema. Die Präsentation seiner Instrumente auf der Straße, bei Drehorgelfestivals, in Konzerten in Kirchen und Kneipen, in Museen und Hochschulen fand Echo - auch durch informative Rückmeldungen. Freunde und Liebhaber mechanischer Musikinstrumente, Instrumentenbauer und Restauratoren gaben Hinweise. Und immer schrieb er nieder, was ihm vor Augen oder zu Ohren kam. So wurde nach und nach ein Buch daraus.
Heinrich Lehmann, Waldkirch, der manche wichtige Publikation auch zum Gegenstand betreut und verlegt hat, schreibt an den Autor: "wie versprochen, habe ich mich mit dem Manuskript eingehend befaßt. Zum Sprachlichen und Inhaltlichen gibt es von mir keine Einwände. Aufschlußreich, kulturgeschichtlich interessant, verständlich, erfreulich die literarischen Zeugnisse, Fußnoten hilfreich und notwendig". Einer, der vom Club Deutscher Drehorgelfreunde e. V. als kompetent beauftragt, das Typoskript las, Rolf Redecker, stellt fest: "Ick bin begeistert, ick könnt mir peitschen. Riesenkompliment!" Dem kann ich mich nur anschließen. Ullrich Wimmer hat es fertiggebracht, uns über "Die heitere Welt der mechanischen Musik" grundlegend zu informieren und uns im gleichem Zuge glänzend zu unterhalten. Dem Autor ist also zu gratulieren und den Leserinnen und Lesern Freude und Gewinn bei der Lektüre zu wünschen.

Wilfried Hömmerich
Vorsitzender
des Clubs Deutscher Drehorgelfreunde e.V.

Drehorgelbau Schlemmer
Bachstraße 7
72336 BALINGEN WEILSTETTEN
E-Mail. info@drehorgel.com http://www.drehorgel.com

☎ 07433/35263   381329

	Weil	> sie wirklich preiswert ist
Weshalb eine		> sie einen herrlichen Klang hat
> Original Schlemmer Drehorgel <		> sie für Generationen gebaut ist
		> sie nach Kundenwunsch gebaut wird
		> sie original ist und nach alten Vorbildern gebaut wird

Herstellung von Drehorgeln in allen Größen
Die Original Schlemmer Drehorgel

Wird von A bis Z von uns hergestellt. Das Herzstück ist der Blasebalg , er besteht aus Sperrholz und ist mit echtem Leder überzogen , das mit Knochenleim , wie zu Großvaters Zeitn ,verleimt wird.

Die Steuerung : Ein Papierlochstreifen wird über einen Notengleitblock gezogen und durch sanftes Zuströmen der Luft werden Membrane und Ventile betätigt , wodurch dann jeweils die richtigen Pfeifen angesteuert werden und dann ein wohlklingendes Tonbild entsteht .

Original Schlemmer Drehorgel

I. Als wär' das Spiel von mir

Über Spiel- und Musikdosen

Gottfried August Bürger (1747-1794) teilt mit, daß der Freiherr von Münchhausen "bey einer Flasche" seinen Freunden erzählt habe, wie er in einem strengen Winter, bei der Heimreise von Rußland, in einem Hohlweg den Postillion angewiesen habe, mit dem Horne mögliche Gegenverkehr zu warnen. Wir kennen die Geschichte: kein Ton kam heraus. Doch später, als der Postillion in der Herberge sein Instrument in Nähe des Ofens niedergelegt hatte, blies es plötzlich zum Erstaunen der Anwesenden von selbst.

Einfrieren läßt sich Musik nicht. Mit Hilfe verschiedener Speichermedien gelang es allerdings, Musik zu konservieren und, von nicht unwesentlichen Ausnahmen abgesehen, dank umgebauter, ursprünglich von Menschen zu spielender, Instrumente verfügbar zu machen - "als wär' das Spiel von mir".

Beginnen wir mit einem Sonderfall, den Spieldosen! Ihr Reiz und ihre Verführungsmacht waren und sind groß. Die Geschichte von einem armen Prinzen, der dank einer Spieldose Küsse von der Tochter des Kaisers erwirkte, die mit einer seltenen Rose und einer Nachtigall nichts anzufangen wußte, weil sie "natürlich" waren, erzählt Hans Christian Andersen (1805-1875) im Märchen "Der Schweinehirt".

1796 erfand, wie man durch Alfred Chapuis (1880-1958) weiß, der Uhrmacher Antoine Favre-Salomon (1734-1820) in Genf das Musikwerk mit einzeln aufgeschraubten Metallzungen, dem Tonkamm, das Glockenspiel ohne Glöckchen und Hämmer, "le carillon sans timbres ni marteaux". Die Steuerung erfolgte durch eine Stiftscheibe. Das Protokoll der Genfer Société des arts hält für den 15. Februar 1796 fest: "Herr Descombaz berichtet, daß Herr Favre die Möglichkeit gefunden hat, Musikwerke ohne Glocken und Hämmer zu bauen. Er zeigt eine Dose aus Eisenblech, welche ein solches nach dieser Bauart enthält. Diese Erfindung könnte der Uhrmacherei nützlich sein. Die gleichen Beauftragten, die für die Prüfung des Instruments von Herrn Quosig benannt wurden, sind gebeten diese zu prüfen und zu berichten." Am 7. März 1797 liegt dieser Bericht vor: "Die Kommission ... hat ein Musikwerk ohne Glocken gesehen, welches zwei Melodien spielt und den Klang der Mandoline imitiert ... Diese Erfindung ist überaus wertvoll für die Automaten-Uhrmacherei ... Die Beauftragten haben mit großem Bedauern vernommen, daß die Vermögenslage von Herrn Favre ihm nicht gestattet, aus dieser Erfindung den Anteil zu erlangen, auf den er zu Recht Anspruch erheben dürfte, noch sie auf den Grad der Vollendung zu bringen, welcher sie fähig ist."[1] Dem kam um 1800 David Lecoulte in Genf mit der Stiftwalze ein Stück näher. Der Genfer Uhrmacher Jean-Frédéric Leschot, Partner der bei-

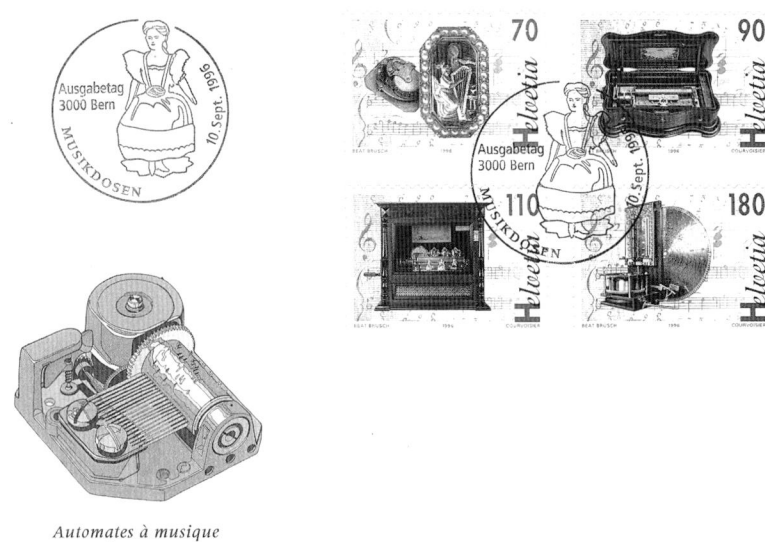

Automates à musique
Musikautomaten
Apparecchi musicali meccanici

Spieldosen, Ersttagsbrief, Bern 10. September 1996

den Jaquet-Droz, der nach deren Tod das Geschäft übernahm, kommerzialisierte die Erfindung und trug zur Ausdehnung in Herstellung und Handel bei. 1802 konstruierte Isaac Daniel Piguet (1775-1841), ein Uhrmacher aus dem Jouxtal, der sich um 1800 in Genf niedergelassen hatte, ein Musikwerk mit fünf Tönen aus Stahlfedern. Piguet assoziierte sich 1811 mit Philippe Meylan zur Firma Piguet et Meylan, nachdem er 1802 mit seinem Schwager Henri Capt eine Firma gegründet hatte.

Waren zunächst die Zungen einzeln aufgeschraubt, setzte der Schmied Francois Lecoulte 1814 die Metallzungen zu Segmenten zusammen. Seit etwa 1820 begegnen Tonkämme in einem Stück. Sie tragen Signaturen von H. Capt, oder der Firma Karrer, F. Nicole, Lecoultre, Nardin, Paur in der Deutschschweiz. 1833 stellte Francois Nicole den Dämpfer vor. Als Uhrmacher entwickelte er den Spiraldämpfer (étouffoir à spiraux) aus gebogenem Stahldraht. Den musikalischen Genuß erhöhte die Entwicklung des Forte-Piano-Effekts, ein zweiter, schwächer klingender Tonsatz kam dabei zum Einsatz, der ein wirkliches Klangrelief erlaubte. Eine Neuerung war der Piccolo-Klang. Das Trillern hoher Noten erzielte einen Begleiteffekt. Um 1850 waren Musikdosen mit Mandolinenklang erfolgreich. Jaccard-Walther aus Sainte-Croix präsentierte 1867 den Zither-Effekt. Eine weitere Perfektionierung bot um 1880 die Verdoppelung des

Bild, Öldruck, mit Uhr und schweizer Walzenspielwerk, um 1880.
Foto: Roland U. Neumann

Tonkamms. Zutaten wie Trommeln und Glocken, zunächst verdeckt, auch Harmoniumstimmen (voix célestes) kamen hinzu.[2]

Solche Spielwerke wurden und werden in oft kunstvoll verzierte Dosen, in Schmuckstücke wie Ringe, in Uhren, Uhrenschlüssel, Taschenmesser, Bilder und Gegenstände der Gebrauchskunst, in Bücher, Photoalben, Nähkästchen, Parfümfläschchen, in sogenannte Schleuderpüppchen (Marotten), in Flaschen, Bier- oder Weinkrügen, in Zigarren- und Likörspender oder Christbaumständer und dergleichen, ja in Mobiliar wie Stühle, eingebaut. Auch wurden das "Nachtgeschirr mit Musik" oder der "musikalische Toilettenpapierrollenhalter" angeboten. Von einem Christbaumständer erzählt Johannes Bobrowski (1917-1965): "Also die hatten zu Hause so einen drehbaren Fuß, wo sie den Baum immer reinsteckten. Der spielte Weihnachtslieder. Im Drehen. Ist ja zum Lachen, sagt die Frau. Nein gar nicht, sagt Klapat, überhaupt nicht. So ein Kasten, verstehst du, Blech und außen bemalt. Und der Schlüssel wurde versteckt jahrüber, damit ihn keiner aufzog. Bloß Weihnachten. Und red mir nicht immer zwischen, und eine Weihnachten, na ja, da haben sie ihn wohl überdreht oder sowas, jedenfalls: erst dreht er sich ganz richtig und sie sitzen da und singen mit und sein Vater, sagt er, kaut schon an Steinpflaster und Katharinchen, da geht es aber los, da dreht sich der Kasten immer schneller, da fliegen schon die Kugeln, klatsch, gegen die Wand, klatsch-klatsch, der Kater reißt aus, die Kinder hinterher, schöne Bescherung. Klapat lacht, daß ihm die Augen tränen. Na was denkst du, fröhliche Weihnachten."[3]

Bei Taschenuhrwerken finden sich Stifte auf einem Federgehäuse (musique á barillet), solche auf einem drehenden Teller (musique sur plateau) und Stifte auf einem Zylinder (musique á cylindre). Daß sich nach etwa 1830 hergestellte Objekte dieser Art nur selten finden, verwundert nicht.[4] Lediglich in Ausnahmefällen erlaubte das Gehäuse einen zufriedenstellenden Klang. Anders bei Musikdosen! Sie wurden seit etwa 1815 gebaut. Favre-Salomon hatte sein Spielwerk noch in einer Tabatiere untergebracht. Jetzt wurden es in

Zigarrentempelchen mit schweizer Walzenspielwerk, Genf um 1900.
Foto: Roland U. Neumann

---

[1] Eduard C. Saluz, Klangkunst. 200 Jahre Musikdosen. Schweizerisches Landesmuseum. Zürich 1996, S. 16f.

[2] Zumindest in einer Fußnote darf darauf hingewiesen werden, daß Walzenspielwerke auch in Wien und Prag gebaut wurden. Zu nennen sind seit 1823 die Schlesier Anton und Josef Olbrich, später u.a. Alois Bartl, Franz Einsidl, Josef Schidlo, Josef Wysakocyl in Wien, in Prag die Firma Rzebitschek. Sie haben sich auf Standardmodelle mit einheitlichen Abmessungen geeinigt. Von den schweizer Produkten unterscheiden deren Kämme sich dadurch, daß sie links mit dem Sopran beginnen und rechts mit dem Baß enden. Auch finden sich keine weiter hinzugefügten Instrumentierungen wie Glocken, Trommeln etc. Vgl. dazu P. Noever (Hg.), Spielwerke. Musikautomaten des Biedermeier aus der Sammlung Sobek und dem MAK, Wien 1999, S. 28ff, 36ff; dort auch Literaturhinweise, und L. Goldhoorn, Die Österreichische Spielwarenmanufaktur im 19. Jahrhundert. Ein fast vergessener Zweig des Kunsthandwerks, o. O. o.J. (1999).

[3] Unordnung bei Klapat. In: Johannes Bobrowski, Der Mahner. Erzählungen. Berlin 1967, S. 45 - 51, S. 47.

[4] Gegen Ende des 19. Jahrhunderts griff die Fa. L'Epée in Sainte-Suzanne / Frankreich den Gedanken, solche Taschenuhren herzustellen, wieder auf – wohl ohne Erfolg. Heute bietet sie etwa die Fa. Reuge in Sainte Croix in der Schweiz wieder an.

[5] Im Jahr 1897 schloß Auguste Lassueur, Fabrikant aus Sainte-Croix, einen Vertrag mit der Jura-Simplon-Bahn, der ihm gestattete, in den Wartesälen dieser Linie Musikautomaten aufzustellen. 1903 wurde die Linie von den SBB gekauft. 1938 übernahmen sie die Automaten.

dem cartel, ursprünglich dem Sockel der Wanduhr, dann in hölzerne Behältnisse, die boite à musique, eingebaut. Zudem wurde das Repertoire erweitert. Die Walzen wurden auswechselbar. Orchesterdosen entstanden. Melodien wie Ausschnitte aus der "Schönen Müllerin" von Paesello, Weisen von Boildieu, Auber und Rossini gelangten unters Volk in Gestalt der etwa in Sainte-Croix gefertigten Bahnhofsautomaten[5] , die Reisenden die Wartezeit verkürzten, oder unters Gehör vermögenderer Kreise.

Photoalbum mit Walzenspielwerk, um 1900.
Foto: Roland U. Neumann

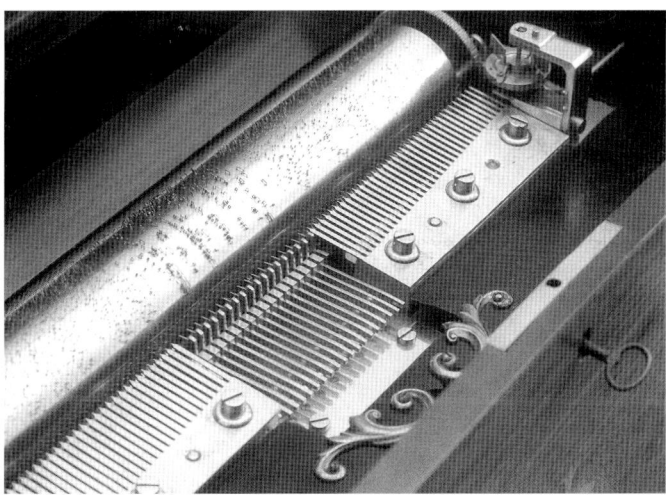

Kämme und Claves einer Walzenspieldose mit Zungenstimmen, Genf 1876.
Foto: Roland U. Neumann

Von Rudolf Presber stammt das Gedicht

Weihnachtliches Erinnern:

> Als ich ein Knabe noch, als ich ein Kind war,
> Herr meiner Träume im Weltenraum,
> Und für den Jammer der Welt noch blind war,
> Brannte, wie hell, mir der Weihnachtsbaum!
> Neben dem Ställchen, der Krippe zur Seite,
> Drin das wächserne Knäblein schlief,
> Unter dem Waldmoose, listig und tief,
> Daß es den Sang der Engel begleite,
> Mit mystischer Lieder klingendem Reiz,
> Versteckt, ein Spielwerk aus der Schweiz,
> Eine singende Dose.
>
> Und die Dose spielte, langsam und bieder,
> Festlich getragene Weihnachtslieder.
> Wie ich's genau noch denk und weiß!
> Erst: "Es ist entsprungen ein Reis",
> Dann, was die Väter schon fromm gemacht:
> "Stille Nacht – heilige Nacht",
> Aber als drittes – als drittes, je nun,
> Ein seltsam Lied aus dem deutschen Moose;
> Das hatte nichts mit der Weihnacht zu tun,
> Das liebe Lied aus der singenden Dose.
> Aber sie spendet' es ohn' Ermüden:
> "Rosen aus dem Süden".
>
> Mein Elternhaus schloß sich, die Krippe zerbrach –
> Wohin wohl die wächsernen Englein fanden?
> Es gingen zur Ruhe so nach und nach,
> Die mit mir unter der Tanne gestanden.
> Die alte Schweizer Dose jedoch,
> Ein wenig zerbeult, ein wenig marode,
> Die spielende Dose, die hab' ich noch.
> Sie stand in der toten Mutter Kommode.
>
> Und ist mir der Weg zu den Freuden gesperrt,
> Die einst meiner Kindheit Nächte durchleuchtet,
> Und gehen die andern zum Kirchenkonzert,
> Daß Weihe des Doms ihr Auge befeuchtet,
> Ich nehm' im weihnachtsstillen Haus

Behutsam das Schweizer Spielwerk heraus –
Und leise sind die Erinnerungen
Im alten Kästchen aufgewacht:
"Es ist ein Reis entsprungen"
Und "Stille Nacht – heilige Nacht".
Und dann dem Wandermüden
In Schweigen und Winterschnee
"Die Rosen aus dem Süden"
Mit all' ihrem Duft von eh'.

Vielleicht Ihr scheltet's töricht und schal:
Die ganz Modernen finden's zum Lachen.
Na schön; dann nennt mich schon "sentimental",
Ich bin ein Deutscher, was kann ich machen!?
Festlich glänzt es mir von den Zweigen,
Und die Seele wird warm und erhellt. –
Aus der klingenden Dose steigen
Tote Freuden zurück in die Welt.

Dann, gleichsam eine Revolution, wurde die Stiftwalze durch die Platte ersetzt. 1886 begann Paul Lochmann in Leipzig-Gohlis (Fa. Kuhno, Lochmann & Co.) mit der Serienfertigung von Plattenspielwerken unter dem Namen Symphonium. Bald folgten ihm andere mit klangvollen Namen wie Polyphon[6], Fortuna, Kalliope, Komet oder Adler. Der Händler A. Zuleger in Leipzig (Zuleger und Mayenburg, 1884) inserierte 1889 das Symphonion mit dem ausdrücklichen Hinweis: "Keine Schweizerspieldosen mehr." In Entsprechung zu den Schweizer Walzenspieldosen wurden diese Plattenschatullen mit Glocken und anderem Beiklang ausgestattet. In Zulegers Anzeige findet sich im übrigen der Vermerk, daß

Marotte (Schleuderpüppchen), Biskuitkopf von
Armand Marseille (1856-1924), ca. 1890.
Foto: Roland U. Neumann

der Ton den Schweizer Spieldosen gleiche. Die Fabrikanten in Sainte-Croix und Genf reagierten und stellten dann ebenfalls Plattenspieldosen her - verspätet. Die Firmen Mermod mit der Stella (1896), Hermann Thorens mit dem Edelweiss (um 1900) und Paillard & Cie. mit der Gloria oder New Century (um 1900) entwickelten Platten ohne Haken. Faktisch hatte man jedoch den Zug der Zeit verpaßt[7].

Plattenspielwerk Kalliope No. 164, 103 töniger Doppelkamm, um 1900.
Foto: Roland U. Neumann

Vor allem Leipzig wurde seit 1886 ein Zentrum des Spieldosenbaus[8]. Dabei ist anzumerken, daß die am 1. Oktober 1880 erstmals von Paul de Wit (1852-1925) in Leipzig herausgegebene "Zeitschrift für Instrumentenbau - Centralorgan für die Interessen der Fabrikation von Musikinstrumenten und des Handels, für ausübende Künstler und Musikfreunde" vorwiegend die Interessen der Leipziger Musikinstrumenten-Industrie vertrat[9]. Mit Münzautomatik und Plattenwechsler versehen spielten diese Instrumente in Gaststätten und Bahnhöfen, aber sie fanden sich als Musikmöbel auch in den Salons des begüterten Bürgertums. Erhaltene, funktionsfähige Stücke geben mithin auch akustisch Zeugnis von seiner Wohn- und All-

[6] Gustav Brachhausen und Paul Rießner, beide arbeiteten bei Paul Lochmann, gründeten 1887 in Wahren das Unternehmen Brachhausen & Riessner. 1894 wird die Regina Music Box Company gegründet. Brachhausen, Rießner und der Sachse Johannes Körner sind die wesentlichen Anteilseigner. 1895 gründen sie die Polyphon Musikwerke AG in Wahren.

[7] Heute noch allerdings finden sich im Norden des Kantons Waadt drei Firmen, die Musikdosen produzieren, die Firma MAP SA in Yverdon-les-Bains, das Unternehmen André-Paul Gueissaz-Jaccard und die Firma Reuge in Sainte-Croix.

[8] Lochmann & CO. Langestr. 17; Leipziger Musikwerke Phönix, Schmidt & Co., Inselstr. 12; Zimmermann, Querstr. 26/28; Hug, Goldschmidtstr. 16; Popper & Co., Bitterfelder Str. 14; Kalliope, Bitterfelder Str. 1; Mechanische Musikwerke Wellner & Berger (Chordephon), Waldstr. 20; Adler, Feuerbachstr.; Fabrik Leipziger Musikwerke vormals Paul Ehrlich, Möckernsche Str. 30d; Polyphonwerke, Linkelstr. 61; Plagwitzer Musikwerke Ariophon von R.M. Polter in Leipzig-Plagwitz. Das Ariophon der Plagwitzer Musikwerke ist eine Spieldose mit Karton-Notenbüchern. Sie wurde von 1892 bis 1897 angeboten. Sie unterlag wohl der Konkurrenz mit dem Libellion der Fa. Richter in Rudolstadt, Thüringen.

tagskultur. Dabei ist im Blick zu halten, daß mit der zunehmenden Industrialisierung über diese Schicht hinaus auch eine breitere Käuferschicht für nicht lebensnotwendige Gebrauchsgüter entstand. Den enormen Absatz und eine entsprechende Konkurrenz zeigt die erste Vereinigung von Musikinstrumenten-Grossisten 1895 an, deren Mitglieder sich verpflichteten, bei Konventionalstrafe gewisse Mindestpreise einzuhalten. In schwer abzuschätzenden Stückzahlen gefertigt, bestimmten Plattenspielwerke jedenfalls den musikalischen Geschmack und die musikalische Bildung der Zeit nicht unwesentlich mit.

L'homme e la machine
Über Androiden und Automaten

Auch in den Bereich der mechanischen Musikspielwerke gehören die sogenannten Androiden, künstliche Menschen, Puppen, die zu Musik Bewegungen, ja ganze Handlungsabläufe ausführen und in einigen, besonders reizvollen Fällen, ein Musikinstrument zu spielen scheinen. In Hinsicht der erklingenden Musik ist etwa Christoph Willibald Gluck (1714-1787) zu nennen. Er komponierte für die Stiftwalze solcher Automaten seiner Zeit, zum Beispiel für einen solchen, der sich dann, 1785, im Besitz von Marie Antoinette befand, einige Divertimenti. Ein herausragendes Beispiel für diese Automaten ist "Zulma", geschaffen durch Roullet et Decamps in Paris 1890: Die Schlangenbeschwörerin bewegt den Kopf, bläst eine Flöte. Die Schlange nähert und entfernt sich ihrem Gesicht. Zulmas Brust weitet sich im Rhythmus ihres Atems. Nur mit Schmuckstücken bekleidet, beschwört sie die Schlange im Rhythmus der verschiedenen Musikweisen ihres Instruments, die ein Walzenspielwerk erklingen läßt.
Der Verfasser des Gedichtes "zodiacus vitae" hat 1523 in Rom einen automatischen Flötenspieler gesehen. Jacques de Vaucanson (1709-1782), er gilt im übrigen als der Erfinder der Spiralwalze (1738), die auch bei geringem Durchmesser längere Stücke notieren konnte, stellte 1738 in Paris drei Automaten dieser

---

[9] Der Niederländer de Wit arbeitete in Leipzig zunächst für die von Robert Schumann gegründete "Neue Zeitschrift für Musik" und gab dann das oben genannte Fachblatt heraus. Mit seinem Namen verbinden sich auch die Anfänge der Musikinstrumentensammlung der Leipziger Universität. Da die Stadt Leipzig zunächst den Ankauf der Sammlung abgelehnt hatte, veräußerte de Wit sie 1905 an den Kölner Papierfabrikanten Wilhelm Heyer (1849-1913). Der kaufte 1908 die Sammlung von Baron Alessandreo Kraus aus Florenz und 1910 Instrumente der Barmer Klavierbaufirma Ibach dazu und öffnete 1913 seine "Musikhistorisches Museum" in der Worringerstraße für die Allgemeinheit. Dank der finanziellen Hilfe von Henri Hinrichsen, dem Inhaber des Musikverlages C.F. Peters in Leipzig, und des sächsischen Staates konnte die Sammlung 1926 für die Leipziger Universität erworben werden.

Güntermann'sche Kapelle, Elztalmuseum Waldkirch
Foto: Elztalmuseum Waldkirch

Art vor[10]. Pierre Jaquet-Droz (1721-1789) und sein Sohn Henri Louis (1752-1791) aus dem schweizerischen Chaux-de-Fonds bieten wie Peter Kintzing (1745-1816) und David Röntgen (1743-1807) aus Neuwied weitere meisterliche Beispiele des 18. Jahrhunderts[11]. Sie waren einmal mehr als nur Spielwerke, meinten doch Mechanisten wie René Descartes (1596-1650) oder Gottfried Wilhelm Friedrich von Leibniz (1646-1716), daß Lebewesen selbst nichts anderes als höchst komplizierte Automaten seien, oder: "L' homme e la machine"[12]. Zu erwähnen sind auch entsprechende Werke von Johann Gottfried Kaufmann (1752-1818) und Friedrich Kaufmann (1785-1866) in Dresden[13], über die Carl Maria von Weber (1786-1826) 1812 berichtete[14], oder die Automaten, die Johann Carl Enslen (ca. 1782-1866) fertigte und in der Französischen Straße in Berlin ausstellte. E.T.A. Hoffmann (1776-1822) hat 1801 Automaten im Danziger Arsenal, den Enslenschen Voltigeur und 1813 die Kaufmann'schen Androiden gesehen und 1814 in seiner Erzählung "Die Automate" allerlei Merkwürdigkeiten über einen redenden Türken und nach wie vor beachtliche Ausführungen zum Thema im engeren Sinn wie kritische Anmerkungen zur mechanischen Musik mitgeteilt. Zu beachten bleibt auch seine Erzählung "Der Sandmann" (1817), in der die Androide Olimpia durch den bedauernswerten Helden Nathanael gleichsam beseelt wird - mit schrecklichen Folgen: "die Geschichte mit dem Automat hatte tief in ihrer Seele (sc. der Seele hochzuverehrender Herren) Wurzeln gefaßt und es schlich sich in der Tat abscheuliches Mißtrauen gegen menschliche Figuren ein. Um nun ganz überzeugt zu werden, daß man keine Holzpuppe liebe, wurde von mehrern Liebhabern verlangt, daß die Geliebte etwas taktlos singe und tanze, daß sie beim Vorlesen sticke, mit dem Möpschen spiele u.s.w., vor allen Dingen aber, daß sie nicht bloß höre, sondern auch manchmal in der Art spreche, daß dies Sprechen wirklich ein Denken und Empfinden voraussetzte." Opfer eines Mordes wird ein Androide in einer Erzählung von Frédéric Boutet[15]. Für das 19. Jahrhunderts vertreten etwa Pierre Stevenhard (1801-1883), Robert Houdin (1805-1871), Alexandre Theroude (1807-1882), Blaise Bontemps (1814 - 1881), Jean Roullet (1829-1907), Jean-Marie Phalibois (1835-1900), Gustave Vichy (1839-1904), Ernest Decamps (1848-1909), Léopold Lambert (1854-1935) und Auguste Triboulet (1865-1920) in Paris die Kunst. Zwischen den beiden Weltkriegen des 20. Jahrhunderts vertrieb die Pariser Firma Bodson den Musette-Jazz-Automaten "Tino Rossi", ein musizierendes Abbild des seinerzeit namhaften Sängers und Akkordeon-Spielers. Michel Bertrand (+1999), André Soriano oder Geneviève und Claude Laurent stehen mit ihren meisterhaften Replikaten für deren Renaissance in unserer Zeit. Die originären Automaten von Franz Öhrlein oder Jean-Pierre Hartmann faszinieren je auf ihre Weise. Hingewiesen sei auf die "Kinemats" des russischen Künstlers Eduard Bersudsky, die unter dem Titel "Sharmanka", dem russischen Wort für "Drehorgel" - es bedeutet "Bezauberin" - , präsentiert werden[16]. Die Faszination dieser Automaten

---

[10] Jean Paul in den "Personalien vom Bedienten- und Maschinenmann" (in: Palingenesien, Fata und Werke vor und in Nürnberg, Zweites Bändchen (1798), in: Sämmtliche Werke, Bd. XIX, Berlin 1826, S. 120): "Vaukansons Flötenist blies, eine hölzerne Mamsell, von Jaquet Droz geschnitzt, spielte auf einer Orgel mit kartenpapiernen Pfeifen". Er nennt (a.a.O., S. 122) "Entenställe von Vaukanson, Hundeställe von Vulkan ... und ganze von Droz, Vater und Sohn, gemachte Menagerien."

[11] Wolfgang von Kempelen (1734-1804) wird hier nur in Fußnote genannt. Sein berühmter Schachspieler gehört zu den sogenannten Trickautomaten, die von Menschen bedient wurden, wie Edgar Allan Poe 1836 in einem Essay über "Mälzels Schachspieler" nachgewiesen hat. (Johann Nepomuk Mälzel (1772-1838) war seinerzeit im Besitz dieses Scheinautomaten.)

[12] Julien Offray de La Mettrie (1709-1751), L' homme machine, 1748. Der französchische Arzt führt hier, wenn auch modifiziert, die Vorstellung einer Körpermaschine aus, die René Descartes schon 1637 vertreten hatte.

[13] Genannt sei auch der Enkel von J.G. Kaufmann, Friedrich Theodor (1826-1872). Er baute 1851 (!) ein papierrollengesteuertes Orchestrion.

[14] Der Trompeter, eine Maschine von der Erfindung des Mechanicus Hrn. Friedrich Kaufmann in Dresden. In: Allgemeine Musikalische Zeitung, 14.Jg., 1812/1813, Nr. 41,Sp. 663-666. Der Trompeter wurde im Kaufmann'schen "Akustischen Kabinett" in Dresden gezeigt. Heute befindet sich der Androide im Deutschen Museum in München. Vgl. die Abbildungen in: Meisterwerke aus dem Deutschen Museum, Bd. II, hg. vom Deutschen Museum Bonn, Bonn 1999, S. 52-55.

Hofmusiker auf Walzendrehorgel mit durchschlagenden Zungen,
16 Tonstufen, Paris, Mitte 19. Jahrh.
Foto: Roland U. Neumann

findet, hier unter grauendem Eindruck, in der Schlußszene von Federico Fellinis Film "Casanova" (1976) Ausdruck: der Titelheld dreht sich auf dem zugefrorenen Canale grande mit einer Androide im Walzertakt "verloren in tödlichem Dunkel". Doch muß es noch - mit Jean Jacques Rousseau (1712-1778) - gesagt sein? "Nicht der Flötenautomat flötet, sondern der Mechaniker, der den Wind bemaß und die Finger in Bewegung setzte."[17]

Ein Beispiel für den nicht den Spieldosen zugehörenden Androiden ist der auf einer Zungendrehorgel sitzende, Violine, Viola oder Cello spielende Affe im Gewand des Hofmusikers des ausgehenden 18. Jahrhunderts (Frankreich, Mitte des 19. Jahrhunderts). Otto Wernet, der bei der Firma Gebrüder Weber gearbeitet hat, berichtet: "Das erste Werk des neuen Orchestrionbauers August Weber in Waldkirch war der Märchenautomat Hänsel und Gretel. Bei Einwurf des Zehnpfennigstückes ging der Vorhang in die Höhe, Hänsel und Gretel sowie die Hexe marschierten zum Lebkuchenhaus. Als Musik wurde die Fantasie aus Humperdincks[18] Oper wiedergeben." Dem Grundgedanken, nicht nur den Klang eines Orchesters zu imitieren, sondern auch optisch wirkungsvoll in Szene zu setzen, folgten sogenannte "Automatische Capellen". Auf einer Bühne wurde eine Musikgruppe in Form von bewegten Figuren repräsentiert. Namhafte Hersteller waren um die Jahrhundertwende die Firmen Gebrüder Bruder in

Waldkirch, der Musikwerkebau Gebrüder Weber in Waldkirch und die Deutsche Automaten Gesellschaft, die in Verbindung zu der Kölner Schokoladefabrik Stollwerck[19] stand. Schlichter fielen Musikautomaten mit Puppentheater aus, wie sie auch die Firma Ernst Holzweissig Nachfahren Leipzig um die Jahrhundertwende anbot: Nach Einwurf einer Münze hebt sich ein Vorhang. Auf einer Bühne bewegen sich Püppchen vor Spiegeln. Nach Ende des von einem Zylinderspielwerks gelieferten Musikstücks fällt der Vorhang wieder.

Ballet-Musik-Automat, Auguste Lassueur, St. Croix um 1900
Foto: Roland U. Neumann

Von Glockenspiel-, Saiten- und Flötenklang

Menschliches Spiel nachzuahmen, auch zu perfektionieren, dazu verhelfen z.B. Stiftwalzen, Träger der musikalischen Notation[20]. Sie ermöglichen die Programmierung automatisch ablaufender, mechanischer Steuerungsprozesse. Um 600 wird aus Bagdad von einer bestifteten Holzwalze berichtet. In seinem Werk "De Nature Simiae" beschrieb Robert Fludd (de Fluctibus 1574-1637) die Funktionsweise dieser Programmträger. Die Notierung von Walzen wurde von Marie Dominique Joseph Engramelle (1727-1781) in "La Tonotéchnie ou l´Art de noter les Cylindres, Paris 1775" beschrieben. Dom Francois Bédos de Celles`(1709-1778) Abhandlungen unter anderem über Walzenorgeln und die Notierung der Orgelwalze, L`Art du Facteur d`Orgues, 1766-1778, sind grundlegend geblieben. Die auf der drehbaren Walze eingeschlagenen Stifte und Brücken werden durch Claves abgetastet. Über eine Hebelmechanik werden etwa bei Glockenspielen Hämmer, bei Flötenuhren und Orgeln Stecher und durch sie Ventile betätigt. Um die Stiftwalze in Umdrehung zu versetzen, benutzte man entweder ein Gewicht oder Wasser oder Sand, ein Federwerk oder eine Handkurbel oder Motoren.
Die ältesten bis auf diesen Tag erhaltenen, dieser Art gesteuerten mechanischen Musikinstrumente sind Glockenspiele (Carillons). Sie sind - seit dem 8.

Jahrhundert erklingen Glocken von europäischen Türmen - im 13. Jahrhundert durch die Niederländer aus China nach Europa gelangt. Das älteste erhaltene, 1554 hergestellt, ist heute noch vom Stadhuis in Zierikzee zu hören. Seit 1321 soll vom Turm der Abtei von St. Catherine in Rouen ein Glockenspiel erklungen sein. Diese Instrumente dienten - meist auf markanten Türmen, "zingende torens", singende Türme, heißen sie in den Niederlanden - in der Regel als Vorschlag vor dem Stundenschlag der entsprechenden Uhr mit ihren Liedsätzen aus dem Bereich der Volksweisen und Choräle dem Gang durch das Jahr und Kirchenjahr. Sie waren aber auch Ausdruck von Wohlstand und Ansehen einer Stadt. Entsprechend wurden auch namhafte Komponisten gewonnen. In den Jahren 1798/99 schrieb beispielsweise M. Haydn (1737-1806) 16 Stücke für das "Holländische Glockenspiel" von 1704 im Turm der erzbischöflichen Residenz in Salzburg. In Deutschland ist, wiewohl 1945 zerstört, das der Potsdamer Ganisonskirche bekannt geblieben, das mehr als 200 Jahre lang sein "Üb immer Treu und Redlichkeit" - im Dritten Reich das akustische Zeichen des Berliner Rundfunks - erklingen ließ. Musikfreunde erfreut das Porzellan-Glockenspiel, das die Porzellan-Manufaktur Meißen 1929 in Meißen installierte[21]. Wenigstens am Rande soll in diesem Zusammenhang auf eine Kuriosität hingewiesen werden, das walzengesteuerte "Bouteillophone". Hier haben Weinflaschen die Aufgabe der Glocken übernommen. Derartige Instrumente sollen im 19. Jahrhundert hergestellt und dann verboten worden sein, da die Flaschen mit Wein gefüllt waren und der Stimmer in der Regel noch vor Abschluß seiner Arbeit sturzbetrunken war.

---

[15] Der Mord des Amerikaners. In: Frédéric Boutet, Die Dame in Grün. Unheimliche Geschichten. München und Wien 1971, S. 131-142.

[16] Vgl. M. Schetelich: Sharmanka. The World of Eduard Bersudsky's Kinemats, Leipzig o.J. (1994).

[17] Essay sur l'origine des langues (1753). In: J.J. Rousseau. Gesammelte Werke, Bd. X, Frankfurt a.M. 1856, S. 47.

[18] "Hänsel und Gretel" von Engelbert Humperdinck (1854-1921)

[19] Eine solche Automatische Capelle wurde 1995/96 restauriert und wird heute im Elztalmuseum Waldkirch gezeigt, eine andere im Heimatmuseum Zell am Harmersbach. Beide dürften der Waldkircher Firma Gebrüder Weber zuzuschreiben sein.

[20] Erhaltene historische Walzen lassen Musikwerke erkennen mit ihrem originalen Tempo, ihrer Artikulation und ihren Verzierungen. Die musikalische Ornamentik und die Artikulation, mithin etwa Vorhalte, Vorschläge, Triller, Legato- und Non-Legato-Vortrag, Temporelationen, bieten Aufschlüsse auch über die Aufführungspraxis vergangener Zeiten. So folgt beispielsweise aus dem geplanten Zu-spät-Setzen der entsprechenden Stifte und Brücken, daß man Ritardando und Fermate am Schluß eines Stückes, wenngleich durchaus Platz gewesen wäre, vormals sehr kurz ausführte.

[21] Ein Meißner-Glockenspiel befindet sich auch in der Böttcherstraße zu Bremen (zerstört 1944, 1954 wiederhergestellt), am Museum von Siegfried Wendel in Rüdesheim und im Jagdschloß in Krefeld-Linn, das im übrigen auch eine Sammlung mechanischer Musikinstrumente beherbergt.

Zum tönenden Automaten wurden Glockenspiele, als man zusätzlich künstliche Menschen und Tiere, seit der Antike bekannt, installierte. Als prominente Werke wären etwa das von Straßburg zu nennen, das erstmals um 1350 erklang, oder die Kunstuhr im mährischen Olmütz, dem heutigen Olomouc in Tschechien, die 1419 der Uhrmacher Anton Pohl gebaut haben soll. Die Olmützer Kunstuhr ist bedeutsam wegen ihres 16tönigen Glockenspiels, ihres früheren Hornwerks und ihrer - später nach Kriegseinflüssen weggelassenen - mechanischen Walzenorgel. Kleine Glockenspiele waren Bestand astronomischer Uhren wie beim genannten Straßburger Beispiel.[22] Diese Uhr besitzt ein Kalendarium, zeigt den Gang der Gestirne an - zur vollen Stunde ziehen die Heiligen Drei Könige an der Jungfrau Maria vorbei, Glocken erklingen, danach der Hahnenschrei. Das Hornwerk auf der Festung Hohensalzburg, der sogenannte "Salzburger Stier"[23], nachmals in Verbindung mit einer Walzenorgel, gilt als eines der ältesten erhaltenen Musikwerke. Von Erzbischof Leonhard von Keutschach in Auftrag gegeben, wurde es 1502 gefertigt. Leopold Mozart (1719-1787) komponierte zusammen mit Johann Ernst Eberlin (1702-1762) 12 Melodien für die genannte, vermutlich ein Jahrhundert später entstandene Orgel. Hinzuweisen wäre hier z.B. auch auf den "Görlitzer Löwen", wahrscheinlich aus dem 14. Jahrhundert, den der Zittauer Orgelbauer Schuster in den Jahren nach dem 2. Weltkrieg rekonstruiert bzw. restauriert hat.

Glocken-, Harfen-, Flötenuhren und Flötenwerke, eingebaut in Uhrenkästen, Schränke, Sekretäre oder in einem Kanapee[24], erfreuten sich in der ersten Hälfte des 19. Jahrhunderts bei vermögenden Kreisen großer Beliebtheit. Sie gehörten geradezu zur repräsentativen Raumausstattung und lassen, sofern noch oder wieder spielbereit, auch das Selbstverständnis ihrer Bewohner hörbar werden. Auch wurden sie in Wirtshäusern zur öffentlichen Unterhaltung aufgestellt. Für Wien wird berichtet: "Das Instrument im Gasthof Zur ungarischen Krone – ein von Schubert[25] und seinen Freunden gern frequentiertes Lokal - spielte Lieder und Walzer des Meisters, im Keller Zum süßen Löchl konnte man 1825 Beethovens Ouvertüre zum "Prometheus" von einer Flötenuhr hören. Vom Repertoire des Flötenwerks im Gasthaus Zum goldenen Strauß neben dem Josefstädter Theater im Jahr 1822 sind wir besonders gut unterrichtet. Die Ouvertüre zu "Medea" von Cherubini[26] war angeblich Beethovens Lieblingsstück. Das Terzett F-Dur aus seiner B-Dur Symphonie und Stücke aus anderen Opern, welche die Uhr spielte, soll Beethoven dort wiederholt angehört haben. Auch ist überliefert, daß Beethoven bei einer Abendgesellschaft in der Garderobe des Josefstädter Theaters am 4.11.1822 dort seine Fidelio-Ouvertüre von einem Flötenwerk gehört und die Musik gutgeheißen haben soll, da sie, wie er meinte, besser und exakter gespielt werde als vom Orchester des Kärntnertortheaters, wo er gerade vorher eine Aufführung seines "Fidelio" gehört hatte. Von weiteren Musikautomaten ist 1820 eine Spieluhr in einem Bierhaus nächst dem Theater an der Wien genannt, und 1841 wird von einer Uhr in einem Wiener Gasthaus berichtet, die Musik aus Rossinis[27] "Wilhelm Tell" und Lanners [28] Quadrillen spielte."[29]

Erregte bei E.T.A. Hoffmann, der das Kunstwerk im Gegensatz zum Mechanismus etwa des französischen Klassizismus unter einem Originalitätspostulat als Organismus begriff, eine große Harfenuhr, welche stündlich ihr Stückchen abspielte, um des "Toten, Starren der Maschinenmusik" willen "ein recht quälendes Mißbehagen"[30] , schrieben Komponisten wie G.F. Händel (1685-1759), W.Fr. Bach (1710-1784), C.Ph.E. Bach (1714-1788), J. Haydn (1732-1809), W.A. Mozart (1756-1791)[31] , L. v. Beethoven (1770-1827) für derartige Werke. Händels "Ten Tunes for Clay's Musical Clock" (ca. 1745-1753), es handelt sich um elf Stücke, sind, für 29 Tonstufen geschrieben, hinreichend bekannt. W.Fr. Bach wird die Komposition von 18 Stücken für die "Dessauer Uhr" aus dem Besitz des Herzogs Friedrich von Anhalt zugeschrieben. C.Ph.E. Bach hinterließ eine Reihe von Kompositionen für die Flöten- und Harfenuhr. Von J. Haydn's Beitrag zur mechanischen Musik geben erhaltene Flötenuhren wie die im Utrechter Nationaal Museum van Speelklok tot Pierement Zeugnis. Sie trägt die Signatur "Primitivus Niemecz cmi Principis Esterhazy Bibliothecarius fecit in Esterhas. Anno 1793". Joseph Niemecz (1750-1805), Priester, Bibliothekar der Fürsten

---

[22] Die jetzt im Staßburger Münster befindliche Uhr stammt aus dem 19. Jahrhundert.
[23] So genannt wegen eines 50mal verstärkten F-Dur Akkords.
[24] Vgl. zu einem Wiener Kanapee mit Flötenwerk um 1830: P. Noever (Hg.), Spielwerke, Kat.Nr. 9, a.a.O., S. 80f.
[25] Franz Schubert (1797-1828)
[26] Luigi Cherubini (1760-1842)
[27] Gioacchino Rossini (1792-1868)
[28] Joseph Lanner (1801-1843)
[29] Zitiert nach: P. Noever (Hg.), Spielwerke, a.a.O., S. 22f; vgl. dort auch Anm. 15, S. 57, mit Quellenangaben.
[30] Vgl. Die Automate, 1814.
[31] Daß ein Zitat aus einem Brief an seine Frau vom 3. Oktober 1790 nicht herhalten darf, um für Mozart einen Widerwillen gegen derartige Kompositionen zu begründen, hat etwa Gallus Oberholzer (Mozart und die mechanische Orgel. In: Das mechanische Musikinstrument, Nr. 74, April 1999, S.33-35) plausibel begründet. Die Briefstelle lautet: "... ich habe mir so fest vorgenommen, gleich das Adagio für den Uhrmacher zu schreiben, dann meinem Weibchen etwelche Ducaten in die Hände zu spielen, that es auch – war aber, weil es eine mir sehr verhasste Arbeit ist, so unglücklich, es nicht zu Ende bringen zu können – ich schreibe alle Tage daran – muss aber immer aussetzen, weil es mich ennuiert – und gewiss, wenn es nicht einer so wichtigen Ursache willen geschähe, würde ich es sicher ganz bleiben lassen – so hoff ich aber doch, es so nach und nach zu erzwingen; ja, wenn es eine grosse Uhr wäre und das Ding wie eine Orgel lautete, da würd es mich freuen; so aber besteht das Werk aus lauter kleinen Pfeifchen, welche hoch und mir zu kindisch lauten."
[32] Nach dem Tode von Deym von Stritetz und der abermaligen Verwitwung seiner Frau wurde die Deym'sche Sammlung aufgelöst

Bracket Clock mit 12 Glocken, John Taylor, London um 1780. Vorderansicht und
Rückansicht auf das Werk.
Foto: Roland U. Neumann

Esterházy, Musiker und Mechaniker, baute mechanische Orgelwerke und stiftete Musik seines Freundes Joseph Haydn auf deren Walzen. Das Köchel-Verzeichnis (KV) weist fünf Stücke für eine Flötenuhr aus. Mozarts Flötenuhrenstücke waren Auftragsarbeiten für das Müller-Deymsche Raritätenkabinett. Es wurde von Graf Joseph Deym von Stritetz (1750-1804) von etwa 1780 an in Wien betrieben[32]. 1791 eröffnete er das Laudon-Mausoleum, in der die Wachsfigur des 1790 verstorbenen Feldmarschalls Laudon aufgebahrt war. Dazu bestellte er bei Mozart passende Musik für eine Flötenuhr, die, so wird vermutet, von Primitivus Niemecz gebaut wurde. Das Andante F-Dur war wohl für das "Schlafgemach der drei Grazien" im Raritätenkabinett bestimmt. Auch Beethoven schrieb für den Grafen Deym 1799 drei Kompositionen für die Flötenuhr.

Mit den Namen der Instrumente sind zugleich ihre Tonträger genannt: Glocken, Saiten und Pfeifen. Glockenspiele wurden beispielsweise von der Mitte des 18. Jahrhunderts an in die englische Stutzuhr oder Bracket Clock eingebaut. Hinter dem Begriff verbergen sich Uhrformen, die in gestutzter, also verkleinerter Form größeren Uhren vom Format her entsprechen. Ihre Werke sind stabile Messingwerke mit Feder- oder Fusseantrieb, in aller Regel Achttagewerken, Kalender und Carillons. Das Walzenspielwerk bot, so vorhanden, bis zu zwölf Melodien. Die Rückseiten zieren häufig fein ausgeführte Gravuren. Die

Clockmakers Company, die Uhrmachergilde von London, schuf technisch vollendete und bis auf diesen Tag ästhetisch anerkannte, meist signierte Werke. Als Vater der englischen Uhrmacherkunst wird Thomas Tompton (1639-1713) genannt. Zu den prominenten Vertretern gehören John und Ahasuerus Fromanteel, Joseph Windmills, Joseph Knibb, William Holloway, Eardly Norton, Daniel Quare, John Meredith, John Taylor. Auch Wien ist etwa mit den Meistern Jacob Widenman, Dirchinger, Benedict Schisel, Johann Rau oder Peter Götz anzuführen. Die ersten Schwarzwälder Musikuhren waren um 1760 Holzräderuhren mit einem walzengesteuerten Glasglocken-Spielwerk. Ihnen folgten bald solche mit Metallglocken. Harfenuhren funktionieren ähnlich wie Glockenspiele: gesteuert durch die Stiftwalze schlagen Metallhebel gegen über einen Resonanzboden gespannte Saiten. Insofern ist die Bezeichnung Harfenuhr nicht zutreffend. Es handelt sich eher um eine dem Hammerklavier entsprechende Mechanik. Daher finden wir derartige Musikwerke auch unter dem Namen Hackbrett.
Flötenuhren enthalten kleine Orgelwerke, die durch die Stiftwalze gesteuert gespielt werden. Es gab sie bereits um 1600 etwa bei den Augsburger Meistern. Augsburg war um 1600 das Zentrum der Fertigung mechanischer Musikinstrumente. Genannt seien Samuel Bidermann der Ältere (1540-1624), Samuel Bidermann der Jüngere (um 1600 bis nach 1647), Hans Schlottheim (1545-1626), Achilles und Veit Langenbucher (um 1587-1631) sowie Matthäus Langenbucher, ca. 1656, oder der Erbauer des Dresdner "Hottentottentanzes" (ca. 1625) Matthäus Rungel (um 1565-1630). Eines der bekanntesten Werke der Augsburger Schule ist der von Achilles Langenbucher gefertigte "Pommersche Kunstschrank" (1612) mit den Christian Erbach (1570-1635) zugeschriebenen Kompositionen. Infolge der Wirren des Dreißigjährigen Krieges ging diese Kunst, zumindest in Deutschland, zunächst verloren.
Erwähnung verdient der Berliner Flötenuhrenbau, vertreten etwa durch Christian Ernst Kleemeyer (1766-1805) und Christian Möllinger (1754-1826). Er wurde wesentlich steuerlich befördert durch Friedrich II. "Königliche Anordnung bezüglich der Fertigung von Räderuhren mit Klaviatur und Flöten". Seit 1763 siedelten sich Uhrmacher aus Genf und Neuchatel in Berlin an. 1763 ließ der König im Neuen Palais in Potsdam eine Standuhr mit Glockenspiel aufstellen, 1769 dort eine Flötenuhr, 1782 eine solche für das Potsdamer Stadtschloß. Friedrich II. hat Franz Benda (1709-1786)[33], seinen Flötenlehrer Johann Joachim Quantz (1697-1773), Johann Gottlieb Graun (1702-1771) oder Johann Philipp Kirnberger (1721-1783) angeregt, für die Flötenuhr zu schreiben. Bedeutende Flöten- und Harfenuhren bauten in Dresden die bereits erwähnten Johann Gottfried und Friedrich Kaufmann. Ein anderes Zentrum des Flötenuhrenbaus wurde um 1800 Wien. Zu nennen sind, wie oben geschehen, die Arbeiten von Primitivus Niemecz, der auf Anregung von Haydn diverse Instrumente der Art gebaut hat, aber auch

die von Ludwig Boltzmann, Johann Neopomuk Mälzel oder Christian Heinrich. Hinzuweisen ist auf die Herstellung von Flötenuhren im Schweizer Jura durch Pierre Jaquet-Droz (1721-1790) und seinen Sohn Henry Louis (1752-1791). Im Schwarzwald wurden Flötenuhren zwischen 1770 und 1850 gebaut. Schon vor 1800 wurden sie auch mit beweglichen Figuren versehen. Zu nennen sind etwa Salomon Scherzinger (um 1770), Christian Wehrle (1707-1789), Anton Duffner (1752-1832), Mathias Siedle (1787-1841?), Vincenz Siedle (1767-1835), Benedikt Mukle (1771-1823), Carl Blessing (1769-1819), Martin Blessing (1774-1847), Ignaz Blasius Bruder (1780-1845) und Ignaz Schöpperle (1810-1882).

Flötenuhr mit Figurenszene, 56 Pfeifen, 3 Register, 2 Schleifen, 34 Claves, Stiftwalze mit 8 Stücken, Schwarzwald 1848.
Foto: Roland U. Neumann

Doch kommen wir auf die Steuerungen mechanischer Musikinstrumente zurück! Die Bedeutung der Musikinformationsträger soll hier hervorgehoben werden. Der qualitative Wert der durch selbstspielende Musikinstrumente erklingenden Musik wird bedingt durch die Qualität des Instruments, des Arrangements und der technischen Ausführung des Informationsträgers[34]. Gegen Ende des 19. Jahrhunderts stellte Paul Lochmann aus Leipzig-Gohlis, übrigens gleichzeitig mit dem Engländer Ellis Parr, die Platte vor. Sie war, aus Hartpappe, dann aus Metall gefertigt, entscheidend kostengünstiger, weil leichter herzustellen, einfach wechselbar und bot ein breites, gleichsam unbegrenztes Angebot an konservierter Musik. Allerdings war die Platte auf ein Musikstück beschränkt. Dem half, dank seiner zumindest theoretisch unbegrenzten Länge, das Lochstreifenband, 1802 von Joseph-Marie Jacquard (1752-1834) aus Lyon für automatische Steuerung von Webstühlen erfunden[35], ab. 1842 beschrieb Claude Felix Sytte aus Lyon in einer Patentschrift die Lochbandsteuerung mit pneumatischer Abtastung für mechanische Musikinstrumente. 1847 meldete Alexander Bain ein lochbandgesteuertes "musical wind instrument" zum Patent an. Paul Ehrlich erwarb 1877 das Patent für mechanische Musikinstrumente und erzielte damit den durchschlagenden Erfolg. Zu nennen ist hier auch Jules Carpentier, der ebenfalls um 1880

Notenstanze, im Elztalmuseum Waldkirch.
Foto: Dr. Ullrich Wimmer

Papierrolle einer Mignon-Organette No. 56 N, 22 Tonstufen, doppelchörig,
Bruno Geissler, Leipzig 1895. Foto: Roland U. Neumann

Lochkartenstreifen mit einer pneumatischen Steuerung kombinierte. 1887 führte die Firma Welte und Söhne in Freiburg[36] die Papierrolle ein. 1892 ersetzte Anselmo Gavioli bei Karussellorgeln die Stiftwalze durch den neuen Informationsträger. Mit dem Leporello, gefalteten Kartonnoten, - 1871 brachte Napoleon Fourneaux es auch zur Steuerung von Klavierspielapparaten in Funktion - , blieben diese Systeme bis zum Einsatz des Mikrochip (Fa. Hofbauer, Göttingen, seit ca. 1980) die entscheidende Steuerung mechanischer Musikinstrumente[37].

Alle genannten Steuerungen finden wir auch für die Drehorgel.

---

[33] Vgl. F. Benda: "1stück zur Harpfen Uhr", abgedruckt bei: Ernst Simon, Mechanische Musikinstrumente früherer Zeiten und ihre Musik, Wiesbaden 1980, S. 107.

[34] Für die technische Seite soll wenigstens in einer Fußnote Julius Berthold (geb. 28.2.1845 in Oberseifersdorf bei Zittau, gest. 26.01.1934 in Klingenthal) erwähnt werden.

[35] In Lyon wurden bereits 1727/28 mechanische Steuerungssysteme für die Seidenweberei entwickelt. Der oben genannte geniale Konstrukteur von Automaten, Jacques de Vaucanson, seit 1741 Inspektor der Seidenmanufakturen in Lyon, stellte 1745 eine durch eine Nockenwalze gesteuerte Webmaschine vor, die jedoch bei der Zunft keine Anerkennung fand. Jacquard entdeckte Teile der Vaucanson'schen Konstruktion im Pariser Conservatoire des arts et métiers und rekonstruierte sie. Auf den dabei gewonnenen Einsichten basierte auch seine Erfindung.

[36] Michael Welte (1807 in Vöhrenbach - 1880 in Freiburg) verlegte seine 1832 in Vöhrenbach gegründete Firma nach Freiburg. Sein Enkel, Edwin Welte (1875-1958) erhielt 1903 das Patent auf das papierrollengesteuerte "Welte -Mignon-Reproduktionsklavier", das er mit seinem Schwager Karl Bockisch (1874-1952), entwickelt hatte.

[37] Wesentliche Notenrollenfabrikanten, im besonderen für Selbstspielklaviere, waren die Firmen Concordia Notenrollenfabrik (Leipzig), Empeco (Berlin), Lipsia Notenrollenfabrik (Leipzig), Minerva-Notenrollenfabrik (Leipzig), Rolla Artis (Leipzig), Felix Schüller SM-Rollen (Leipzig), Wöhle & Co. (Leipzig), FIRSR, Odeola, Victoria (Barcelona), Universal Music Company, QRS (Chicago).

Drehorgelmann, naive Holzplastik, Höhe 20 cm, Polen um 1980.
Foto: Roland U. Neumann

(Wiederholung der Abbildung auf Buchdeckel:) Eugéne Atget (1857-1927): Orgelspieler und singendes Mädchen. Mit freundlicher Genehmigung des Rheinischen Bildarchivs Köln.

II. Ogelum, Orgelei, Dudeldumei

Über Drehorgeln, ihre Geschichte und Menschen hinter und vor Leierkästen

"Orgelum, Orgelei, Dudeldumei" heißt es vom "Schattenspielmann (hinter der Szene)" bei Goethe[38]. Das sagt über die Wertschätzung des Instruments und seiner Musik einiges aus. Die Drehorgel ist "ein ebenso altmodisches wie modernes, menschliches wie mechanisches, präzises wie geheimnisvolles Instrument", hat Pierre Charial über sie geschrieben[39]. Sie steht gewiß nicht im Zentrum der Instrumentenkunde. Doch ist sie mehr als ein Kuriosum. "Die Drehorgel – nur eine nostalgische Erinnerung an eine Epoche, die keine Tonaufzeichnungen kannte?" – fragt Johann Gebert. Und er nennt diese Instrumente "einmalige Zeugnisse einer idealen Symbiose zwischen Kunst und Handwerk, die in der Beschränkung auf transportable Ausmaße bei maximaler Klangfülle ... alles andere verdienen, als mit dem Blick auf die vermeintliche große Schwester Kirchenorgel milde belächelt zu werden."[40]

"Man fragte einen Leierkastenmann, was denn das Wesen der guten Musik sei. *Gleichmäßig die Kurbel drehen.*"[41] Der Leierkasten ist also nicht einfach selbstspielend. Wenn in einem Rechtsstreit zwischen dem Drehorgelbauer Hofbauer und dem Vorsitzenden des Clubs Deutscher Drehorgelfreunde e.V., Hömmerich, 1996 gutachtlich festgestellt wurde: "Der Drehorgelspieler ist vielmehr dem Bediener eines Schallplattengeräts oder eines CD-Players vergleichbar", so mag das für die Orgeln der Firma Hofbauer zutreffen. Das Spiel zumindest der alten Walzendrehorgel ist nicht "etwas ziemlich Geistloses", wie Heinrich von Kleist 1810 meinte[42]. Es erfordert, wenn denn ein musikalischer Vortrag geboten werden soll, die Einflußnahme des Orgelspielers. Bei der Orgelei geht es nicht nur nach dem alten Lied: "Wind macht aus Toren kluge Leute, mit Wind verdient der Narr sein Brot." Das Drehen der Kurbel wie das Bedienen der Register wollen gelernt sein. In den 20er Jahren des 20. Jahrhunderts hatten Drehorgelspieler in Berlin und Bremen sowie in anderen Städten auch vor der Polizeibehörde eine Prüfung abzulegen[43]. Wenn dabei nicht nur ästhetische Kriterien eine Rolle gespielt haben mögen, steht doch fest: nicht jeder, auch nicht jedes Instrument, bestand sie!

Doch die Drehorgel, der Leierkasten, war – zumindest unter diesen Namen[44] – ein Straßen- und Lumpeninstrument[45]. Seine Erfindung wird dem Jesuitenpater Athanasius Kircher (1601-1680) zugeschrieben. Dagegen steht, daß Papst Sylvester II. nach einem Bericht, der auf das Jahr 980 datiert wird, in seiner Jugend in Reims eine transportable Orgel mit Stiftwalze gebaut haben soll. Ihr Name organo tedesco, der für 1598 in Modena belegt ist, läßt auf die Herkunft des Instruments aus dem deutschsprachigen Raum schließen. Giovanni Barberis Name, er arbeitete um 1700 in Modena, wurde wohl irrtümlich für die Erklärung der französischen Benennung orgue de Barbarie in Anspruch genommen.

Eine Drehorgel, die sich in der Sammlung des Collegium Romanum befand, wird 1722 erwähnt. Eine Beschreibung findet die Drehorgel durch Jacob Adlung (1699-1762) in seiner "Anleitung zu der musicalischen Gelahrtheit" (1758): "Sie ist mit Wellen ausgestattet und kann weltliche und geistliche Lieder spielen. Die meinige hat neun Lieder und bisweilen nur eine gedackte Stimme, 2-F-ton, aber oft treffe ich solche an mit hinzugesetzten Octaven, Schnarrwerken usw., daß man denken sollte, ein so kleiner Doppelbalg könne nicht so viel Wind geben." Der erste namentlich erwähnte deutsche Drehorgelbauer war Johann Daniel Silbermann (1717-1766), eine Neffe des berühmten Kirchenorgelbauers aus Freiberg in Sachsen, Gottfried Silbermann. In den "Wöchentlichen Nachrichten und Anmerkungen die Musik betreffend" von 1758 wird der "Churfürstlich Sächsische Hof Commissarius und Hoforgelbauer" gewürdigt. Seit einigen Jahren habe er sich "außer der Aufsicht über die neue Dresdner Orgel meistentheils mit Verfertigung allerley künstlicher Drehe-Orgeln" befaßt. Der Berliner Drehorgelbau ist mit Adolph Kummer, "Musikus und Stiftwalzensetzer für Flötenuhren und Dreheorgelhersteller", für das Jahr 1790 nachgewiesen. Nach seinem Tode 1814 setzten seine Tochter Henriette Friedrike Kummer und sein Geselle Anton Scharrer das Gewerbe fort.

---

[38] Das Jahrmarktsfest zu Plundersweilern. Ein Schönbartspiel. 1788

[39] György Ligeti und die Drehorgel, Text zu der CD György Ligeti Edition 5, Sony 1997, S. 29.

[40] Johann Gebert, Werkstattprospekt, Merdingen (1998)

[41] Wieslaw Brudzinski, zitiert nach: Opernhaus Halle (Hg.): Lieber Leierkastenmann. Ein Rückblick auf das alte Berlin mit Walter und Willi Kollo. Programmheft Opernhaus Halle, 1999, S. 7.

[42] "über das Drehen der Kurbel ..., die eine Leier spielt", in: Über das Marionettentheater, 1810

[43] Aber auch schon zuvor: Die Zeitschrift für Instrumentenbau, 9, 1889, berichtet, die "Schweidnitzer Polizeiverwaltung" habe "eine Verordnung erlassen, wonach an den zwei vorgeschriebenen Tagen der Woche, Mittwoch und Sonnabend, nur ein Drehorgelspieler Erlaubniß erhält und zwar unter der Bedingung, daß er sich im Besitz einer gut abgestimmten Orgel befindet. Die wandernden Jünger der Frau Musika müssen daher wohl oder übel erst eine Probe auf dem Polizeiamte ablegen, ehe sie mit ihrem Kasten die Straßen der Stadt Schweidnitz durchziehen können. - Wie schade, daß der verstorbene Baron Elewyck in Löwen dies nicht mehr hat erleben können, der ja seiner Zeit mit so großem Eifer für die belgischen Gemeinden eine solche Verordnung anstrebte."

[44] Er findet sich in Deutschland erst im Jahre 1742 in Valentin Trichters Gesellschaftslexikon; 1811 schlug der Göttinger Professor Anton Otto Schellenberg in seiner Arbeit "Die Pasimusik oder das Hermannspiel. Bekanntmachung der vor einigen Jahren angekündigten Freuden-Erfindung. Ein Versuch. Göttingen 1811" für das deutsche Instrument den Namen "Hermane" vor. Als "Leierkasten" wird sie in Eichendorffs Novelle "Aus dem Leben eines Taugenichts" von 1826 erwähnt. Im österreichischen Raum heißt sie "Werkl" als verkleinernde Bezeichnung für Orgelwerk, der Drehorgel- oder Leierkastenmann entsprechend "Werklmann". Ein Wiener Kinderreim lautet: "Gigl Gogl Werklmann, an Kreuzer hab i schon; an Kreuzer brauch i no, dann bin i a reicher Werklmann!"

[45] Daß gewisse Etablissements etwa in München oder bei Darmstadt eindeutig/zweideutig "Leierkasten" heißen, belegt, daß das Instrument noch heute mit dem Ruch oder Reiz des Zweifelhaften belegt ist.

Auch wenn ihr Instrument als Lumpeninstrument galt und ihre Musik die der armen Leute war, Lumpen waren die Leierkastenmänner von Hause aus durchaus nicht und nicht immer in solche gekleidet. Auf alten Abbildungen sind sie auch im Sonntagskleid gezeigt, in England als Typ des noble-man organgrinder, des Drehorgelmanns im Frack mit Zylinder. Mit Reichtum waren sie freilich nicht gesegnet und meist war Not der Grund ihres Orgelspiels. In Goethes "Faust" heißt es:

> Ihr guten Herrn, Ihr schönen Fraun',
> so wohlgeputzt und Backen rot
> beliebt es Euch, mich anzuschaun
> und kommt und sehet meine Not.
> Laßt mich hier nicht so lange leiern
> nur der sei froh, der geben mag.
> Ein Tag, an dem die Menschen feiern,
> der ist für mich ein Erntetag.

Auch der Text von Wilhelm Müller (1794-1827) in Lied 24 aus Franz Schuberts (1787-1828) "Winterreise" (1827) bringt sie in Erinnerung, die Not der Straßenmusikanten[46]:

> Drüben hinterm Dorfe
> Steht ein Leiermann.
> Und mit starren Fingern
> Dreht er, was er kann.
>
> Barfuß auf dem Eise
> Wankt er hin und her,
> Und sein kleiner Teller
> Bleibt ihm immer leer.
>
> Keiner mag ihn hören,
> Keiner sieht ihn an,
> Und die Hunde knurren
> Um den alten Mann.
>
> Und er läßt es gehen
> Alles wie es will,
> Dreht, und seine Leier
> Steht ihm nimmer still.

> Wunderlicher Alter!
> Soll ich mit Dir gehn?
> Willst zu meinen Liedern
> Deine Leier drehn?

Doch nicht Mitleid allein füllte ihre Sammelbüchse. Orgelklang rührt. Joachim Ringelnatz (1883-1934) bringt das in seinem Gedicht "Der Leiermann" zur Sprache:

> Warum sie sich wohl ans Fenster stellen,
> Wenn unten der Alte die Leier dreht?
> Warum sie verstummen und mancher ergriffen
> Mit glänzenden Augen vorübergeht?
> Sie wissen es selbst nicht,
> Warum sie lauschen,
> Die Brust wird ihnen plötzlich so weit.
> Sie lassen sich durch die Seele rauschen
> Das alte Lied ihrer Jugendzeit.

Michail Lermontow (1814-1841) erzählt[47]: "Es dämmerte, allein er befahl nicht, die Kerzen anzuzünden, er setzte sich ans Fenster, das auf den Hof ging; draußen war es dunkel, und in den Fenstern seiner ärmlichen Nachbarn war nur wenig Licht. Lange saß er so da; plötzlich erklang vom Hofe Leierkastenmusik, es war irgendein veralteter deutscher Walzer. Lugin konnte sich an ihm nicht satt hören, und eine grenzenlose Schwermut überkam ihn. Von einer eigentümlichen Unruhe beherrscht, ging er im Zimmer auf und ab, er wußte nicht, ob er weinen oder lache sollte ... und da lag er auch schon auf dem Bett und weinte: denn wie deutlich stieg sein gelebtes Leben vor ihm auf!"

"Orgeln sind wunderbare Tempel, von Gottes Hand beseelt, Nachklänge des Schöpfungsliedes", heißt es bei Johann Gottfried Herder (1744-1803). Drehorgelklang macht träumen, meint Stéphane Mallarmé (1842-1898)[48].

> O, der Leierkasten!
> Wenn es herbstet in den gilbenden Pappeln,
> Gegen Abend um fünf,
> Wenn Erinnerungen dämmern,
> Da macht er mich hoffnungslos träumen.

---

[46] W. Müller mag eine Drehleier gemeint haben.
[47] Eine unvollendete Novelle. In: M. Gregor-Dellin (Hg.), Die große Gespenstertruhe, München 1978, S. 501-518,512.
[48] Zitiert nach: Willi Thoma, Faszination Karussell- und Wagenbau. 200 Jahre Heinrich Mack Waldkirch, Waldkirch 1988, S. 74.

Detlev von Liliencron (1844-1909) reimt:

> Fern eine Drehorgel;
> sie stimmt mich weich.
> Erinnerung kommt.
> Was ist ein Leben?
> Ein Schattenspiel?
> Ein Traum? Ein Narrenstreich?
> Da steht der Tod;
> wir müssen uns ergeben.

Der Tod und der Leierkasten, ein Zusammenhang der in der Literatur immer wieder begegnet. Bei Georg Büchner (1813-1837) heißt es im "Wozzeck":

> Alter Mann singt, und Kind tanzt zum Leierkasten:
> Auf der Welt ist kein Bestand,
> Wir müssen alle sterben,
> Das ist uns wohlbekannt.

Am 10. März 1834 schreibt er an seine Braut: "Die Frühlingslust löste mich aus meinem Starrkrampf. Ich erschrak vor mir selbst. Das Gefühl des Gestorbenseins war immer über mir. Alle Menschen machten mir das hypokratische Gesicht, die Augen verglast, die Wangen wie von Wachs, und wenn dann die ganze Maschinerie zu leiern anfing, die Gelenke zuckten, die Stimme herauskonnte und ich das ewige Orgellied herumtrillern hörte und die Wälzchen und Stiftchen im Orgelkasten hüpfen und drehen sah, - ich verfluchte das Konzert, den Kasten, die Melodie und ach, wir armen schreienden Musikanten, das Stöhnen auf unserer Folter, wäre es nur da, damit es durch die Wolkenritzen dringend und weiter, weiterklingend, wie ein melodischer Hauch in himmlischen Ohren stirbt?"

Auch der Text des Tangos "El Último Organito" des Argentiniers Homero Manzi ist ein Beispiel[49]:

Die letzte Drehorgel

> Die schlammbespritzten Räder der letzten Drehorgel
> werden aus dem Abend kommen und die Vorstadt aufsuchen,
> mit einem klapprigen Pferd, einem Hinkenden und einem Äffchen
> und einem Schwarm Mädchen in Kleidern aus Perkal.
>
> Mit schleppenden Schritten wird man die Ecke wählen,
> wo sich das Licht des Mondes und des Ladens mischen
> damit sie Valses tanzen hinter dem Mauervorsprung,
> die bleiche Gräfin und der bleiche Graf.

Und die letzte Drehorgel wird von Tür zu Tür gehen,
bis sie auf das Haus der toten Nachbarin trifft,
jener Nachbarin, die des Liebens überdrüssig wurde;
der untröstliche Blinde des Verses von Carriego,
der auf der Schwelle sitzt und raucht, raucht und raucht.

Sie wird einen weißen Kasten haben, die letzte Drehorgel,
und das Asthma des Herbstes wird ihren Ton verzerren,
und ihre Bretter werden Engelsköpfe zieren,
und das Echo ihres Klangs wird wie ein Abschied sein.

Begrüßen werden ihr Fehlen die eingesperrten Bräute,
wenn sie die Jalousien öffnen hinter ihrem Lied.
Und die letzte Drehorgel wird sich im Nichts verlieren,
und die Seele der Vorstadt wird ohne Stimme sein.

Der Traurigkeit des Tango entspricht die "abenddämmrige Drehorgel", die "so viele Erinnerungen wachruft und die Seele mit dem großen Wunsch zu weinen erfüllt". Organito de la tarde[50]:

Drehorgel am Abend

> Zum schweren Schritt eines armen Alten
> belebt den Vorort mit den Klängen
> eines Konzerts kaputter Gläser
> die abenddämmrige Drehorgel.
> Ein lahmer Mann geht hinterher,
> der ihre Kurbel dreht,
> während sein hartes Holzbein
> den Rhythmus des Tango schlägt.
>
> In den Tönen jener kleinen Musik
> liegt eine irgendwie flüchtige Stimmung,
> die das ganze Stadtviertel
> mit Rührung zu durchdringen scheint.
> Das kommt daher, daß sie nach und nach
> so viele Erinnerungen wachruft
> und die Seelen mit dem großen Wunsch
> zu weinen erfüllt.

Und zum traurigen Klang
jenes Lieds
zieht die Drehorgel langsam weiter,
als würde sie schrittweise
mehr Kummer auf die Erinnerung,
mehr Farbe auf den Untergang säen.
Und dort geht sie dahin in ihrer Tangoweise,
als würde sie die Nacht suchen,
die ihr Lied auslöschen soll.

Es erzählen sich die weisen, alten Frauen,
die das Orgelchen zum Plaudern vereint,
daß jener kleine Alte eine Tochter hatte,
die der Glanz der Vorstadt war.
Sie erzählen, daß der Lahme, ihr Verlobter,
beim Tanz nicht seinesgleichen fand,
so daß er auf allen Schwoferein mit ihr
zu den Klängen jenes Tango König war.

Aber es kam eines Tags ein Fremder,
ein guter Tänzer, hübscher Kerl und kämpferisch,
der bei einer Schwoferei
ihm die Gefährtin und das Bein nahm.
Seither haben sich Vater und Verlobter
im Vorort auf die Suche
nach dem undankbaren Mädchen gemacht:
zum Rhythmus jenes fatalen Tango.

Drehorgelmännern zur Seite war häufig die "Orgelschickse", die Gefährtin des Orgelspielers. Nicht selten bemaß sich ihr Münzwert nach Aussehen und Alter. Der Dichter Klabund, der im Alltag Alfred Henschke (1890-1928) hieß, hat ihr in seinem Gedicht "Der Leierkastenmann" ein literarisches Denkmal gesetzt:

Ich bin der Leierkastenmann
Und drehe meine Kurbel,
Tags steh ich in den Höfen rum
mit meiner alten Urschel.

Drehorgelpaar mit Trompeten-Walzendrehorgel, 26 Tonstufen, Franz Hartung, Halle 1929.
Foto: Roland U. Neumann

Ich spiel ein wunderschönes Lied,
Die Köchin schaut herunter.
Die alte Urschel ist bemüht
Und hält den Teller unter.

Da fällt ein Pfennig und ein Herz
Wohl in Papier gewickelt,
Jedoch der alte Rechnungsrat
Schenkt manchmal einen Nickel.

Ich bin der Leierkastenmann
Und dreh an meiner Kurbel.
Ich weiß noch, wie ich achtzehn war
und siebzehn meine Urschel ...

Bereits Stiche des 18. Jahrhunderts wie von Edmonde Bouchardon oder Johann Christoph Weigel belegen im übrigen, daß auch Frauen die Drehorgel bedienten. Otto Julius Bierbaum (1865-1910) gibt davon Zeugnis:

> Der alte Orgelmann singt:
> Einst in meinen Jugendjahren
> Hab ich Liebe viel erfahren
> In der Belétage sowohl
> Wie Sout'rain und Entresol.
>
> Von dem ganzen Lie-la-lieben
> Ist kaum ein Gedicht geblieben,
> Das erbärmlich klagt und klingt
> Und Erinnerungen singt.
>
> Traurig dreh ich meine Walze,
> Die, belaugt vom Tränensalze,
> Förmlich um Erbarmen fleht,
> Weil es mir so übel geht.
>
> Laß ich meine Walze rasten,
> Dreht da drüben ihren Kasten
> Laura, einst die schönste Maid,
> Jetzt ein Weib im Lumpenkleid.
>
> Sie auch hat es toll getrieben
> Mit dem gottverfluchten Lieben.
> Darum, hör es Publikum,
> Dreht sie das Harmonium.
>
> O, ihr netten jungen Leute,
> Liebt mit Maßen und gescheute,
> Bis ihr, tadellos gesund,
> Schließet einen Ehebund.
>
> Denn die allerschlimmste Ehe
> Tut noch immer nicht so wehe
> Wie das Leierkastenspiel,
> Denn das ist kein Lebensziel.

Infolge der Einführung der Gewerbesteuer 1810 und der Gewerbefreiheit 1811 in Preußen wurde das Drehorgelspiel seit 1812 als ambulantes Gewerbe erfaßt. Dies mag Ansehen und Selbstachtung der Drehorgelleute gehoben haben. Man war nicht länger Bettelpack. Sie empfanden die klingende Münze ohnehin als gerechtfertigte, verdiente Bezahlung. Gegen Ende des 19. Jahrhunderts gründeten Leierkastenleute in Berlin eine eigene Innung. Die Berliner Morgenpost vom 3. März 1899 meldete: "Auch eine Organisation der Drehorgelspieler hat Berlin aufzuweisen. Die Centrale des "Vereins zur Wahrung der Berufsgenossen" befindet sich in der Jüdenstraße. Die hauptsächlichste Thätigkeit des Vereins der Leierkastenmänner erstreckt sich auf die Unterstützung erkrankter Kollegen. Die Leipziger Neuesten Nachrichten vom 4.1.1934 meldeten: „Im Reichsverband der ambulanten Gewerbetreibenden ist eine neue Fachgruppe entstanden: die Drehorgelspieler. Sie beanspruchen auf Grund ihrer ersten Zusammenkunft nicht als Bettler angesehen zu werden, sondern wollen in Zukunft auch ihre Arbeit als Beruf - so wie jeder andere - bestätigt finden." Von Heinrich Zille (1858-1929) wird folgende Anekdote berichtet: der Maler der armen Leute gab einem Orgelspieler ein größeres Geldstück. Der steckte es wortlos ein. "Na, Danke könnten Sie schon sagen! Was denn? Für ehrlich verdientes Geld?" Harte Arbeit war das Walzenorgelspiel ohnehin. Die Handdrehorgel läuft nicht auf Kugellagern. Und ein Drehorgelwagen war für Ausländer, und das war einmal in der deutschen Vielstaaterei jeder irgendwo, zu kostspielig. An den Zollkontrollpunkten mußten Abgabezölle für Räderkarren entrichtet werden. Im übrigen gab es auch große Musikwagen, die, von Pferden gezogen, landfahrenden Schaustellern als Wohn- und Orgelwagen zugleich dienten.

Apropos Wagen! E.T.A. Hoffmann erzählt, daß Doktor Prosper Alpanus "die bizarrsten Einfälle" habe. So "ist zum Beispiel sein Fuhrwerk so seltsam beschaffen, daß ein Mensch, der von lebhafter feuriger Fantasie ist, ... wohl dahin gebracht werden kann, alles für eine Erscheinung aus irgendeinem tollen Märchen zu halten. ... Sein Kabriolett hat die Form einer Muschel und ist über und über versilbert, zwischen den Rädern ist eine Drehorgel angebracht, welche, sowie der Wagen fährt, von selbst spielt."[51]

Die Anschaffung einer Drehorgel war und ist relativ kostenaufwendig. In jedem Instrument stecken Hunderte von Arbeitsstunden. Für die Herstellung einer Stiftwalze mit acht Liedern mußten etwa 20.000 Stifte und Brücken in Hand-

---

[49] deutsch von Eckhart Haerter, Quelle: http:/www.haerter-tango.schlund.de/ultimoor.htm
[50] Text: José Gonzáles Castillo (1925), Übersetzung von Dieter Reichardt in: D. Reichardt, Tango. Verweigerung und Trauer. Kontexte und Texte. Suhrkamp Taschenbuch 1087, 1984, S. 328 – 331; vgl. S. 444.
[51] Klein Zaches, genannt Zinober, Fünftes Kapitel.
[52] Briefe, in: G.Chr. Lichtenberg, Schriften und Briefe, 4 Bände, hg.v. Wolfgang Promies, Bd. 4, München 1967, S. 24.

arbeit geschlagen werden. So kostete eine Orgel aus Waldkirch um 1900 etwa 650 Mark, eine entsprechende Orgel aus der Werkstatt Bacigalupo um die Hälfte mehr. Ein Arbeiter in den Waldkircher Orgelbaustätten verdiente bei einem zehnstündigen Arbeitstag 3,70 Mark. Dafür konnte er zehn Pfund Mehl oder drei Pfund Butter kaufen. So waren nur wenige Drehorgelmänner Eigentümer ihrer Orgel, die meisten mußten ihre Instrumente leihen.

Leihfirmen gaben morgens Orgeln aus, um am Abend aus der am Morgen verschlossenen Dose den Verdienst redlich zu teilen. Georg Chr. Lichtenberg (1742-1799) berichtet 1757 aus London: "Hier fügt sich's, daß mir einer von den Leuten begegnete, die sich bei den Orgelmachern Orgeln mieten, davon zuweilen eine 40-50 Pfund Sterling kostet, und damit des Tages sowohl auch des Abends auf den Straßen herumzuziehen."[52]

In den Städten gehörte unser Instrument zum Straßen- und Klangbild. Für Wien wird 1822 berichtet: "Die Werkel spielen 8 bis 10 Stück, womit sie häufig in Gasthäusern, in Höfen der Häuser und auf Straßen der Gegenstand einer nicht immer willkommenen Serenade sind."[53] Thomas Mann (1875-1955) hat in den "Buddenbrooks" (1922) den Leierkastenleuten in Lübeck ein kleines, stimmungsvolles literarisches Denkmal gesetzt: "Aber draußen, auf dem hartgefrorenen Schnee der Straßen musizierten die italienischen Drehorgelmänner, und vom Marktplatz scholl der Trubel des Weihnachtsmarktes herüber.[54] Eine reizende Szene unter Pariser Fenstern findet sich bei Rainer Maria Rilke (1875-1926): "ein kleiner Handwagen, von einer Frau geschoben; vorn darauf ein Leierkasten, der Länge nach. Dahinter quer ein Kinderkorb, in dem ein ganz Kleines auf festen Beinen steht, vergnügt in seiner Haube, und sich nicht mag setzen lassen. Von Zeit zu Zeit dreht die Frau am Orgelkasten. Das ganz Kleine stellt sich dann sofort stampfend in seinem Korbe wieder auf, und ein kleines Mädchen in einem grünen Sonntagskleid tanzt und schlägt Tamburin zu den Fenstern hinauf."[55] Felix Timmermans (1886-1947) schildert im "Pallieter" einen Kirmesmorgen in Flandern: "Alle Häuser in der Stadt waren beflaggt, und das Glockenspiel vom Sankt-Gommarus-Turm hämmerte Volksliedchen über die Dächer, über denen Tauben kreisten. Schon gingen Männer mit Luftballons herum, und etwas weiter spielte eine italienische Orgel."[56] Virginia Woolf (1882-

---

[53] Stephan von Keeß, Darstellung des Fabriks- und Gewerbewesens im österreichischen Kaiserstaate, Wien 1823, Bd. 2, S. 179; zitiert nach: P. Noever (Hg.), Spielwerke, a.a.O., S. 14.
[54] Zweiter Teil, Siebentes Kapitel, gegen Ende, in der Ausgabe der Fischer Bücherei Bd. 661/662, 1965, S. 63; vgl. dort auch S. 359, 360, 367.
[55] Die Aufzeichnungen des Malte Laurids Brigge (1910), insel taschenbuch 2565, Frankfurt a.M. und Leipzig 1999, S.20.
[56] Wiesbaden 1959, S. 45f.
[57] Flush (1933), in: Virginia Woolf: Flush. Orlando. Zwei Biographien. Hg. von Klaus Reichert, (Fischer TB 50145), Frankfurt a.M. 1998, S. 29.

1941) bemüht den Leierkasten zur Bezeichnung der Geräusche in der vornehmen Londoner Wimpole Street 1842 aus der Wahrnehmung eines Hundes, des Cocker Spaniels Flush: "manchmal hörte man den leiernden Ton der Drehorgel, der näher kam und lauter wurde; sich entfernte und verklang."[57] Auch in "Orlando" hat sie sich literarisch der Drehorgel bedient: "... genau in diesem Augenblick begann draußen eine jener zerbrechlichen, kratzigen, piepsigen, stockenden, altmodischen Drehorgeln zu spielen, die immer noch manchmal von italienischen Leierkastenmännern in Seitenstraßen gespielt werden ... – lassen wir die Drehorgel tönen und uns hintragen auf Gedanken, die nicht mehr sind als ein kleines Boot, wenn die Musik erklingt, das auf den Wellen hüpft".[58]

Die Realität war härter. Felix Timmermans erzählt:[59] "Pallieter kam aus dem Haus, und da war das Wetter so klar und so jung, als obs auf einmal wieder Frühling werden wollte. Er holte seine Mütze, steckte sich eine Pfeife an und ging spazieren, um sich die Beine ein bißchen zu vertreten. ... Und so von einem Weg auf den andern wandernd, hörte er plötzlich irgendwo Drehorgelmusik. Es klang wie ein gläsernes Klavier, wie Schläge auf kristalne Flaschen. Das tat ihm so wohl und war so herrlich an diesem überraschenden Tag, daß Pallieters Herz aufsprang vor Freude. Und er lief darauf zu. Es mußte hinter der Landstraße herkommen. Er lief schneller. Hinter der Landstraße und einer Gruppe von Pappelbäumen standen sich ganz allein zwei Reihen Arbeiterhäuschen gegenüber. Als Pallieter dahin kam, war kein Mensch zu sehen, nur zwei Kinder, die im Schlamm spielten. Aber siehe! dahinter kamen eine magere, schwangere Frau und ein rothaariges Mädchen mit einer Drehorgel herangezogen. Als sie an den Häusern waren, blieben sie stehen. Die Frau faßte den Griff, und wahrhaftig, schnell und eilig, wie um die Wette, klopften helle Klänge das sonst so langsame Lied: "Kennst du das Land?" Und siehe da, die schmutzigen Gardinchen wurden beiseite geschoben, Türen gingen auf, und heraus kamen Frauen mit und ohne Kinder auf dem Arm. Sie knöpften die offenen Blusen hastig zu und strichen sich das Wuschelhaar zurück. Die Gesichter verklärten sich, und die eine rief der andern ein Scherzwort zu. Sie schoben sich zur Tür hinaus und stellten sich in ein Trüppchen zusammen. Ein Haufen schmieriger Kinder stand neugierig um die Orgel herum, und ein kleines, mageres Kerlchen von Schneider, nach den weißen Heftfäden zu urteilen, die ihm an Hose und Jacke hingen, lief in Strümpfen mitten auf die Straße, schwenkte die Arme, schlug sich auf die Schenkel und gab ein Tänzchen zum besten. Die Weiber lachten laut auf. Sofort faßten zwei Mädchen sich an und begannen sich zu drehen, daß die Röcke sich aufblähten zu runden Glocken. Das war der Anstoß, und auf einmal war alles, was Beine hatte, beim Tanzen. Die Mütter trugen rasch ihre Kinder in die Wiege zurück oder stopften sie irgendeinem Rotzjungen in den Arm und tanzten mit. Die schwangere Frau lachte, daß ihr dicker Bauch wackelte. Pallieter sah mit glücklichem Lachen zu. Das rothaarige Mädchen ging mit einem verrosteten

Teller herum, und alle gaben einen Pfennig oder zwei. Und die Frau spielte "Die lustige Witwe", "Die Wacht am Rhein" und den Walzer aus "Faust". Aber da trieb und stieß ein Polizist die Kinder beiseite und befahl der erschrockenen Frau in barschem Ton: "Hier wird nicht gespielt, erst auf dem Amt anfragen, vorwärts, marsch!"[60]

Ohne behördliche Genehmigung, verbunden mit vorausgehender peinlicher Prüfung, war vormals öffentliches Drehorgelspiel nicht möglich. Zudem unterlag es in Städten wie Regierungsbezirken neben dem Erfordernis einer ortspolizeilichen Erlaubnis einer festen Kontingentierung. In einem Schreiben des Berliner Polizeipräsidiums an den preußischen Innenminister vom 5. April 1863 heißt es: "Die Anzahl der Drehorgelspieler in hiesiger Residenz wird nach Möglichkeit beschränkt, und hat das Polizeipräsidium in dieser Beziehung bereits vor längerer Zeit angeordnet, daß die Zahl derjenigen Personen, denen gestattet wird, ohne voraufgegangene Bestallung - gemeint sind durchreisende Orgelspieler - hierselbst auf der Drehorgel zu spielen, auf fünfzig reducirt wird."

Drehorgelspieler, Aquarell um 1800.
Foto: Doris van Rhee

Die Habsburger unter Maria Theresia (1717-1780) hatten die Drehorgel an ihre Kriegsinvaliden mit Lizenz zum Straßenspiel vergeben. Die Preußen und andere ahmten diese Art der Versorgung der Kriegsveteranen nach. Daher findet sich in der Literatur der "alte invalide Stelzfuß, der auf einem entsetzlichen ... Instrumente ... die Schmerzen seiner Verwundung dem allgemeinem Mitleid

---

[58] Orlando (1928), a.a.O., S. 206, vgl. 206 - 208.
[59] a.a.O., S. 168-170.
[60] "Aber man darf hier doch Orgel spielen, soviel man will", sagte Pallieter. "Ja, wenn sie kein Geld nimmt." "Nun gut, sie wird keins nehmen", rief Pallieter dem Polizisten zu und sagte zur Frau, während er ihr zwei Franken zusteckte. "Leiht mir Eure Orgel ein Viertelstündchen, ich nehm kein Geld, ich kann also spielen! Los! Auf zum Tanz! Ich werde schon drehen, denn das gute Wetter muß man ausnutzen. Hopp!" Und er packte den Griff fest und drehte ihn, daß das Orgelchen beinah davon zersprang. Die Frauen walzten wieder und die Kinder mit. Pallieter war glücklich, und mit lauter Stimme sang er die Weise von dem lustigen Lied."

auf eine analoge Weise empfindbar machen wollte"⁶¹, zeigen Abbildungen Drehorgelmänner häufig in Uniform und mit Kriegsauszeichnungen. Damit verband sich für Orgel und Orgelleute ein gewisses vaterländisches Ansehen.⁶² Von Fritz Werkmann, der in der Schlacht bei Leipzig 1813 beide Beine verloren und von Friedrich Wilhelm III. das Privileg des öffentlichen Drehorgelspiels erhalten hatte, stammt der folgende Text:

> Als ma wurden in dem Krieje
> beede Beene abrasiert,
> hat mein König als Belohnung
> ma de Heldenbrust jarniert.
> Un' jesacht: Mein lieber Fritze,
> det et dir mög wohlajehn,
> derfste ferner als Belohnung
> eenen Leierkasten drehn!
>
> So vadien durch Königs Jnade
> Ick mir eenen Pappenstiel,
> ach – für't Leben is't ze wenich
> und zum Sterben is't ze viel.
> Dennoch olla Freiheitskrieja,
> lebste heute imma noch,
> stehste stramm und rufst bejeistat:
> Unsa Könich lebe hoch!

Für die Wilhelminische Epoche blieb der Leierkastenmann bis auf diesen Tag geradezu die Symbolfigur. Zugleich wurden Drehorgeln zum schlechten Gewis-

---

⁶¹ so Franz Grillparzer (1791-1872), Der arme Spielmann, mit einem Nachwort von Emil Kast, Reclam Universal-Bibliothek Nr. 4430, Stuttgart 1964, S. 7.

⁶² Daß sich damit auch Geld verdienen ließ, läßt - als Kontrastgeschichte - eine Mitteilung der Zeitschrift für Instrumentenbau, 12, 1892, deutlich werden: "Vor einigen Tagen wurde in Waidhofen an der Ybbs ein Drehorgelspieler, namens Johann Wich, aus Gitschin in Böhmen, welcher eine mit zwei Pferden bespannte Drehorgel besitzt, verhaftet. Wich gab überall an, die Drehorgel sei ein Geschenk des Kaisers von Oesterreich; dieselbe war auch mit einer solchen Widmungsaufschrift versehen. Er giebt an, die Drehorgel erhalten zu haben, da er einer der letzten übrig gebliebenen Soldaten vor der Erstürmung des Friedhofes bei St. Lucia gewesen sei. Wich trug das silberne Verdienstkreuz mit der Krone, die große und kleine silberne Tapferkeitsmedallie, das Militär-Dienstabzeichen, die schleswig-hollstein'sche und die römische Erinnerungsmedallie. Seine Visitenkarten lauteten: Johann Ritter v. Wich, k.k. pens. Oberjäger des 10. Jägerbataillons und einer der übrig gebliebenen neun Mann vor der Schlacht bei St. Lucia am 6. Mai 1848". Wich ist aber weder befugt, Ordenzeichen oder Ehrendecorationen zu tragen, noch den Adelstitel zu führen; er war auch nie Soldat".

sen der Gesellschaft. Heinrich Zille hat im Jahre 1912 unter die Zeichnung von marschierenden Soldaten mit dem Titel "Blick in die Zukunft" den Hinweis auf die Wandlungsfähigkeit des Tornisters zum Leierkasten gesetzt: "Müller VI, Sie tragen Ihren Affen wie nen Leierkasten, so weit sind wir noch nich'!"[63] Erich Mühsam (1878-1934) brachte nach dem Ersten Weltkrieg solche Folgen drastisch zur Sprache:[64]

>Ein Orgelmann leiert am Straßenrand,
>er rasselt mir seinen Prothesen:
>Ich gab meine Beine dem Vaterland;
>ich bin ein Kriegsheld gewesen.

Dem Düsteren, Trostlosen, das sich der Drehorgel mit den "vaterländischen" Hintergründen verbindet, hat Friedrich Nietzsche (1844-1900) im Kontext seiner kritischen Zeitanalyse gleichsam augenblickliche Leierkastenheiterkeit entgegengestellt: [65]
"Die Gewässer der Religion fluten ab und lassen Sümpfe oder Weiher zurück; die Nationen trennen sich wieder auf das feindseligste und begehren sich zu zerfleischen...; die gebildeten Stände und Staaten werden von einer großartig verächtlichen Geldwirtschaft fortgerissen. Niemals war die Welt mehr Welt, nie ärmer an Liebe und Güte ... Es liegt ein Wintertag auf uns, und am hohen Gebirge wohnen wir, gefährlich und in Dürftigkeit. Kurz ist jede Freude und bleich jeder Sonnenglanz, der an den weißen Bergen zu uns herabschleicht. Da ertönt Musik, ein alter Mann dreht einen Leierkasten, die Tänzer drehen sich - es erschüttert den Wanderer, dies zu sehen: so wild, so verschlossen, so farblos, so hoffnungslos ist alles, und jetzt darin ein Ton der Freude, der gedankenlosen lauten Freude!"
Drehorgelmann kann man freilich, wie es Reime von Hans Bötticher (1883-1934), der sich seit 1919 Joachim Ringelnatz nannte, belegen, auch aus anderen Gründen werden:

>Es war ein kleiner, böser Junge,
>Der zeigte jedermann die Zunge,
>Ging statt zur Schule auf die Straße
>Und drehte allen eine Nase.
>
>Als seine Eltern beide tot,
>Kam er in bitterliche Not.
>Und lebt nun – weil er sonst nichts kann –
>Als armer Leierkastenmann.

Und ein weiteres Gedicht:

> Glücklich der Leierkastenmann
> Der in Staub eingehüllt
> Mit lauter Stimme
> Zu einem beliebten Refrain anhebt
> Ganz ohne Sinn und Zweck.

Jacques Prèvert (1900 -1977) meint den Bänkelsänger[66]. Der verbreitete zum Klang seiner Singorgel, einer als Begleitinstrument mit Labialpfeifen ausgerichteten Drehorgel, Moritaten[67] und Küchenlieder. Er sang von Katastrophen, schauerlichen Untaten, von Liebe, Sehnsucht und Schmerz, vom verlassenen Mariechen, der untreuen Gärtnersfrau, vom verführten Mädchen, das sein Haupt auf die Schienen legte. In Küche und Kammer waren diese Lieder beheimatet. Die Mamsell, das Dienstmädchen, die Waschmagd sangen, summten sie bei ihrer Arbeit, abgesondert von der Belétage, aus deren Salons das Musizieren der gnädigen Frau oder die Klänge des Pianolas oder Symphonions herüberklangen. Bildtafeln oder die Bilder der Zauberlaterne, der Laterna magica, deren Erfindung, möglicherweise fälschlich[68], auch dem bereits genannten Jesuitenpater Athanasius Kircher zugeschrieben wird, illustrierten den Vortrag des singenden Drehorgelmannes.
Dazu verkaufte er Liedblätter oder Moritatenhefte. Deren Druck und Verbreitung unterlag wiederum strenger gesetzlicher Regelung und der Zensur. Johann Christoph Adelung führt unter dem Stichwort "Bänkelsänger" an: "Figürlich und in verächtlichem Verstande, ein schlechter Dichter, der sich ein Geschäft daraus macht, gemeine Gegenstände auf gemeinde Art zu besingen."[69] In Wien sah eine Anordnung vom 30. Juni 1812 vor, "das Ausrufen von Liedern, Mordgeschichten

---

[63] Heinrich Zille. Vater der Straße. Ausgewählt und hg. von Gerhard Flügge, 4. Aufl., Berlin 1964, (nicht paginiert), Bogen 22, Seite 8. Seine Berliner Kneipe hieß übrigens "Zur quietschvergnügten Drehorgel". Es handelte sich um Max Buchwalds Drehorgelverleih mit Bewirtung.

[64] Poeta Laureatur. Lied des Leiermanns, in: Erich Mühsam, War einmal ein Revoluzzer. Bänkellieder und Gedichte. Hg. v. Helga Bemmann. Reinbeck bei Hamburg 1988, S. 113.

[65] Unzeitgemäße Betrachtungen. Mit einem Nachwort von Alfred Baeumler, Drittes Stück, Schopenhauer als Erzieher, 6. Auflage, Kröners Taschenausgabe Bd. 71, Stuttgart 1976, S. 231f.

[66] von Bänkel gleich Bank, auf der sie erhöht standen. Der Name "Bänkelsang" findet sich erstmals in Gottscheds "Kritischer Dichtkunst" (1730).

[67] Die Herkunft des Wortes "Moritat" - ob von "Mordtat" oder von "moritas" bzw. "moralitée" oder von "more", dem rotwelschen Ausdruck für "Lärm" - ist strittig.

[68] Genannt werden auch der Niederländer Huygens, der Däne Walgenstein, der Franzose Dechales.

[69] Vgl. Gunnar Müller-Waldeck (Hg.), Unter Reu' und bitterm Schmerz. Bänkelsang aus vier Jahrhunderten, Rostock 1977, S. 264.

[70] Das Jahrmarktsfest zu Plundersweilern. 1788

und dergleichen durch nötige Verfügungen der Ordnungsbehörde zu steuern". In einer Verfügung vom 4. Mai 1819 an die Polizeibehörde in Hamburg heißt es: "Da das Umhertragen von scandalösen Liedern, das Ausrufen oder Absingen von Armesünder-Liedern mit Holzschnitten oder Kupferstichen und das Aufhängen von Abbildungen grauser Mordscenen nachtheilig für die Moralität und unsittlich ist, auch den bestehenden Gesetzen gerade zuwider läuft: So wird den Polizei-Officiaten auf's Neue aufgegeben, dafür zu sorgen, dass es nicht weiter statt habe, und die Ungehorsamkeit anzuzeigen, damit sie zur Verantwortung und von der Straße gezogen werden können."

Goethe läßt 1788 einen Bänkelsänger hingegen höchst moralisch singen[70]:

> Ihr lieben Christen allgemein,
> Wann wollt ihr euch verbessern?
> Ihr könnt nicht anders ruhig sein
> Und euer Glück vergrößern:
> Das Laster weh dem Menschen tut;
> Die Tugend ist das höchste Gut
> Und liegt euch vor den Füßen.

Der Siegeszug des Gedruckten führte zwar zum Niedergang der mündlichen Zeitung, des Zeitungsliedes, aber das behielt, gleichsam bleibend, seinen besonderen Reiz, den des audiovisionellen Mediums der Straße. Straßenmusik ist lebensweltlich aufgeladen. Musik auf Straßen und Plätzen ist ohne jede, sonst spezifische, Altersbegrenzung. Gleich welcher Lebensstufe läßt sich auch heute der eine oder andere Passant, länger oder kürzer, zum Zuhören animieren, von Klängen faszinieren, unterhalten, zur Nachdenklichkeit einladen, einspannen in die lange Tradition der Troubadoure und Spielleute. Immer sprachen sie das Volk an, direkt und unmittelbar – und auch dieser Tage nicht nur der Nostalgie wegen. Es werden wieder Moritaten geschrieben, Moritaten-

Moritatentafel von Horst Schätzle.
Foto: Josef E. Reich

tafeln gemalt. Als Beispiel mögen die Waldkircher Moritaten vom "Teufel am Kandelfelsen" und "Der Sturz des Kandelfelsens bei Waldkirch 1982" mit den Texten von Peter Ihm und Ilselotte List (1998)[71] und den herrlich drastischen, von lokalen Zeitbezügen strotzenden Bildern von Horst Schätzle (1998/1999) dienen. Wie es allerdings mit Moritaten auch gehen kann, belegt das "Horst-Wessel-Lied", gleichsam die Hymne des Dritten Reiches. Wie der Kundige unschwer bemerkt, gehört die Melodie der alten Moritat von den "beiden Brüdern": "Es wollt' ein Mann in seine Heimat reisen, er sehnte sich nach seinem Weib und Kind." Im übrigen gab es mindestens einen weiteren Text dazu. Peter Cornelius (1824-1874), der Dichter und Komponist, schreibt am 24. Juni 1865 aus Berlin an seine Braut: "eine volle, dicke, etwas rohe aber schöne Mädchenstimme sang zum Leierkasten: "Wenn du mich liebst, kann mich der Tod nicht schrecken ..." Und Cornelius notiert die Melodie dazu.[72]

Drehorgelklang und Komponisten

"Hurra, heut' gibt's a Hetz, wann's schön is und nöt regnt" – hieß es auf dem Plakat, mit dem beispielsweise der Puppen- und Drehorgelspieler Franz Lehner (*1845 in Winzen bei Deggendorf, +14.8.1919 in Neuötting) seine Darbietungen ankündigte[73]. Daß der Leierkastenmann, der ins Dorf kommt, anderes Wetter mitbringt, war eine Bauernregel. Sie mag zum Nach- oder Vorteil der Drehorgelleute gewesen sein. Immerhin wird einem Drehorgel-Chanson zugeschrieben, am 12. Juli 1789 den Anstoß zum Ausbruch der französischen Revolution gegeben zu haben. Wenn derartigen Wirkungen auch nur als Ausnahme zu verzeichnen sind, haben die Drehorgelleute doch für die Verbreitung von Musik ihren eigenen Beitrag geleistet.

> Der alte Leierkastenmann
> Auch Orgeldreher wurden sie genannt,
> Waren um 1900 sehr gekannt.
> Er spielte in Straßen viel –
> Doch die Hinterhöfe waren sein Ziel.
> Hier wohnten die armen Leute,
> Die er mit Musik erfreute.
> Wehmütig denkt man –
> Er spielte von "Mariechen im Garten",
> Vom "müden Wandersmann und seinen Fahrten",
> Wie er zu Fuß zurückgekommen.
> Und mit dem Veilchenstrauß in der Hand –

Zog er enttäuscht ins weite Land.
Ja, der Leierkastenmann ließ selbst
Den "Bummelpetrus" erklingen,
Das machte die Runde,
Man hört es auch heut noch singen.
"Es war einmal ein treuer Husar",
Das summten alle mit, als der erste Weltkrieg war.
"Im Feldquartier auf hartem Stein",
Er spielte, es klang sehr traurig,
Wie die Zeit damals war.
Zum Schluß, das wußten alle,
Erklang in jedem Falle:
"Berlin, Berlin, du meine schöne Stadt,
Die meine ganze Liebe hat."
War es am Abend still,
Eine Laterne leuchtete ihm,
An der Ecke Nr. 3,
Zog er zum Schluß dann vorbei,
Und schaute dann hinauf,
Leise ging dort ein Fenster auf.
Vor seinen Füßen, eingewickelt in
Ein Stück Papier da lagen –
3 und 5 Pfennig – er nahm sie gern –
Armut gibt der Armut gern.
Zählt er in seinem Stübchen –
Die Pfennige groß und klein,
Ein jeder Tag brachte sein tägliches Brot ihm ein.
Und so zog er täglich durch Straßen und Gassen
Und mit ihm die Träume von Tag und Nacht.
3 und 5 Pfennige habe ihn nicht reich gemacht.
Doch was her er uns allen geschenkt!
Ja, man fühlt und denkt:
"Lieber Leierkastenmann – Fang noch mal von vorne an!
Laß deine alten Melodien
Mit durch unser Leben ziehen!"
Er war einmal, es gibt ihn nicht mehr –
Doch auch ein Leierkastenmann hatte seine Ehr!

---

[71] in: Moritaten - schaurig schön. Ein Wettbewerb in Waldkirch. Zum Jubiläum 200 Jahre Orgelbau 1999. Eine Broschüre der Waldkircher Drehorgelfreunde, zusammengestellt von Dorothea und Peter Scherle, o.O. o.J. (Waldkirch 1999), S. 64-66, S. 63f.
[72] Wiedergegeben bei Helmut Zeraschi, Drehorgeln, (1976) Zürich 1979, vgl. S. 202f.

Frontbild eines Kasperle-Theaters, um 1900.
Foto: Roland U. Neumann

Geben die unbeholfenen Verse von Else Flores[74] doch treffend das übliche auf die Walze gestiftete Repertoire wieder, so trugen die Leierkastenmänner und -frauen auf der Straße auch nicht wenig zur Popularität von gehobeneren Kompositionen und ihrer Komponisten bei. Felix Mendelssohn Bartholdi (1809-1847) schreibt an einen Freund: "Meine Symphonie soll gewiß so gut werden, wie ich kann; ob aber populär für die Drehorgel - das weiß ich freilich nicht"[75]. Richard Wagner (1813-1883) notierte 1841 in einem Bericht über die Uraufführung von La Reine de Chypre von Halévy an der Pariser Oper: "Ganz im obersten Rang, jener Mann mit prüfenden, ausgestreckten Ohren hat das Amt, populäre Stücke den zahllosen Drehorgeln der Hauptstadt einzustudieren." Im selben Jahr, am 17. März 1841, meldet Peter Cornelius an seinen Vater aus London: "Und die Musik auf den Straßen! Hier orgelt einer Bellini."[76] Der genannte Komponist Jacques Francois Fromental Halévy (1799-1862) schrieb 1861 an den Pariser Rechtsanwalt Crémieux, der sich für die Rechte der Drehorgelleute verwandte: "Ich glaube nicht, daß ein einziger Komponist wird zugeben wollen, daß sein Ruf darunter leiden könnte, wenn einige seiner Melodien von den Drehorgeln ... wiedergegeben werden. Ich glaube im Gegenteil, daß die dem Publikum preisgegebenen Melodien, weit entfernt, den Ruf der Komponisten zu vermindern, demselben eine Volkstümlichkeit verleihen, welche ihnen nicht unangehm ist. Gewiß, Komponisten lieben die großen Sänger, die berühmten Tenöre, die gefeierten Primadonnen, aber die Volksstimme hat auch ihr Gutes, und sie sind weit davon entfernt, dieselbe geringzuschätzen."[77] Axel Munthe (1857-1949) erzählt aus seiner Studienzeit in Paris:

> "Bruder Antoine, der Sonntags ins Hospital kam, um in der kleinen Kapelle Orgel zu spielen, war mein besonderer Freund. In jenen Tagen war das für mich die einzige Gelegenheit, Musik zu hören, und ich versäumte sie selten, der ich Musik so liebe! ... Sonst gab es für mich in jenen Tagen keine Musik, außer zweimal in der Woche, wenn der arme alte Don Gaetano kam und mir vorspielte auf seiner ausgeleierten Drehorgel unter meinem Balkon im Hotel de L'Avenir. Das "Miserere" aus dem Troubadour war sein Glanzstück und die wehmütige alte Weise paßte zu ihm und auch zu seinem halberstarrten Äffchen, das in seinem roten Garibaldijäckchen auf der Drehorgel kauerte: Ah che la morte ogn'ora e tarda nel venir!"[78]

---

[73] Von 1870 bis 1914 war Lehner mit seinen Puppen, seiner Drehorgel und seiner Laterna Magica auf den bayrischen Jahrmärkten unterwegs. Für die Maidult in Passau besaß er sogar das Monopol. Diese Tradition des Zusammenspiels von Puppen und Drehorgel setzt heute der Köthener Karlheinz Klimt fort.

[74] in: Wege des Lebens. Gedichte aus dem niederrheinischen Alltag. Kamp-Lintfort 1989, S.58f

[75] Zeraschi, Drehorgeln, a.a.O., S. 204

[76] a.a.O., S. 202

[77] Zitiert nach: H. Zeraschi, Musikalische Schnurren und Schnipsel, 3. Aufl. Berlin 1980, S. 53f.

[78] Das Buch von San Michele, Leipzig 1931, S. 24, vgl. S. 212. Auch an anderer Stelle hat Munthe von Don Gaetano erzählt, in der Geschichte "Für Leute, die Musik gern haben", in: A. Munthe, Ein altes Buch von Menschen und Tieren, Leipzig 1934: "Ich hatte ein Jahresabonnement bei ihm. Zweimal in der Woche kam er und spielte mir sein ganzes Repertoire vor. Aber aus Sympathie für mich wiederholte er neuerdings öfter zum Schluß noch einmal das Miserere aus dem Troubadour, denn das war seine Glanznummer. Er stand dann mitten auf der Straße und sah, solange er spielte, unverwandt zu meinem Fenster hinauf. War er fertig, zog er den spitzen Abruzzenfilz und rief mir sein "Addio Signore!" zu. Bekanntlich klingt die Drehorgel ebenso wie die Violine um so weicher und voller, je älter sie ist. Die Orgel des greisen Spielmannes war vortrefflich. Keines von jenen modernen lärmenden Instrumenten, die ein ganzes Orchester mit Flöten, Glocken und triumphierenden Trommelwirbeln vorzutäuschen suchen, sondern eine wehmütige, altmodische Drehorgel, die noch dem muntersten Allegretto eine verträumte Schwärmerei zu verleihen weiß, in deren stolzestem Tempo di marcia ein unverkennbarer Grundton von Resignation nachhallt. Bei den zarten Stücken des Repertoires, wo die Melodie sich klanglos und zitternd wie eine alte gebrochene Menschenstimme durch die verrosteten Flöten des Diskants tastete, erbeben die tieferen Register wie von unterdrückten Seufzern. Manchmal versagt der müden Orgel die

Stimme ganz, dann dreht der Alte ergeben ein paar stumme Takte, rührender als jede Musik in ihrem beredten Schweigen. Freilich, es war ein dankbares Instrument, aber sicher hatte der Alte selbst noch seinen persönlichen Anteil an der Schwermut, die mich jedesmal überkam, wenn ich seine Musik hörte. Er hielt sich an die Armenviertel des Jardin des Plantes, auf meinen einsamen Wanderungen da oben war ich manches mal unter der spärlichen Zuhörerschaft von zerlumpten Straßenjungen stehengeblieben, die ihn umgab. Wir lernten uns im Spätherbst kennen, an einem nebelgrauen Herbsttag. Ich saß dort unter den vergilbenden Bäumen, die hoffnungslos ihre letzten Blätter fallen ließen; wie eine melancholische Begleitung zu meinen schwermütigen Gedanken hustete die alte Drehorgel aus einen Hinterhof die Arie aus dem letzten Akt der Traviata: "Addio des passato dei sogni ridenti." Ich kam wieder zu mir, als die Musik verstummte. Der Alte hatte sein ganzes Repertoire durchgespielt, warf einen trostlosen Blick über sein Publikum und schon resigniert das Äffchen unter den Mantel, um weiter zu ziehen. Ich habe seit jeher eine besondere Vorliebe für Drehorgeln und genügend Gehör, um gute Musik von schlechter unterscheiden zu können. Ich ging hin und dankte dem Alten und bat ihn, noch ein wenig zu spielen, wenn sein Arm nicht zu müde sei. Er war wohl nicht mit Lob verwöhnt, der alte Musikant, er sah mich mit einem so traurig zweifelnden Blick an, daß es mir weh tat und fragte, ob es ein besonderes Stück sei, das ich hören wollte. Ich überließ dem Alten die Wahl. Nach einem geheimnisvollen Manöver an gewissen Schrauben unter der Orgel, das mit halberstickem Ächzen aus ihren Tiefen beantwortet wurde, begann er langsam und mit einer gewissen Feierlichkeit den Hebel zu drehen. "Questo è per gli amici", sagte er mit einem freundlichen Blick auf mich. Es war ein Stück, das ich ihn nie vorher hatte spielen hören, aber ich erkannte sie gleich, die wehmütige alte Weise, und halblaut suchte ich in meiner Erinnerung nach den Worten des vielleicht schönsten neapolitanischen Volksliedes ... Er sah mich beim Spielen in scheuer Erwartung an. Als er fertig war, entblößte er seinen Kopf, so begann unsere Freundschaft. Es war nicht schwer zu sehen, daß die Zeiten hart waren. Sein Anzug war besorgniserregend und die Blässe der Armut lag auf seinen welken Zügen. Er stammte aus den Bergen um Monte Cassino, aber wo das Äffchen herkam, habe ich nie richtig herauskriegen können. So trafen wir uns, um ein paar Nummern anzuhören, weil ich sah, daß es dem Alten Freude machte, und für das Äffchen hatte ich immer ein Stück Zucker dabei und so wurden auch wir bald gut Freund. Das Verhältnis zwischen dem Äffchen und seinem Impresario war ungewöhnlich herzlich, trotzdem der Kleine keineswegs die Erwartungen rechtfertigte, die man auf ihn gesetzt hatte; er hatte kein einziges Kunststück erlernen können, wie mir der Alte erzählte. Alle Erziehungsversuche waren längst aufgegeben worden, das Äffchen saß zusammengekauert auf der Drehorgel und tat gar nichts. Sein Gesichtsausdruck war traurig, wie bei den meisten Tieren, und seine Gedanken waren weit weg. Aber manchmal fuhr es aus seinen Träumen empor und seine Augen konnten einen mißtrauischen, fast bösen Ausdruck haben, wenn sie einen der Straßenjungen fixierten, die sich um das Podium drängten und versuchten, ihn am Schwanz zu ziehen, der aus dem goldbetreßten Garibaldikittel heraushing. Zu mir war das Äffchen immer liebenswürdig, legte seine runzlige Hand in meine und nahm zerstreut die kleinen Aufmerksamkeiten entgegen, die ich ihm erweisen konnte ... Seit der alte Mann seinen musikalischen Freund eines Tages auf dem Balkon des Hotel de L'Avenir entdeckt hatte, erschien er öfters dort und spielte unter meinem Fenster. Später wurde, wie gesagt, ausgemacht, daß er regelmäßig zweimal in der Woche zum Spielen kommen sollte. Das mag vielleicht etwas üppig klingen für einen Medizinstudenten, aber die Ansprüche des Alten waren so bescheiden und ich habe Musik immer gern gehabt. Das war übrigens meine einzige Zerstreuung, es wurde stramm gearbeitet, denn im Frühling wollte ich mein Staatsexamen machen ... Hört ihr einmal drunten im Hof einen alten Leierkasten spielen, geht ans Fenster und gebt dem armen, umherziehenden Musikanten einen Kupfer, vielleicht ist es Don Gaetano! Findest du, daß sein Leierkasten dich stört, versuche, ob es aus einiger Entfernung nicht etwas besser klingt, aber schick ihn nicht weg! Er muß ohnehin so manches harte Wort hören, warum sollten nicht wenigstens wir freundlich zu ihm sein, wir, die Musik gern haben!"

Drehorgeln hatten einen bedeutenden Anteil an der Verbreitung von Giuseppe Verdis (1813-1901) Musikschaffen, wenngleich Verdi selbst allerlei gegen die Drehorgelei einzuwenden hatte. Gioacchino Rossini (1792-1868) hingegen freundete sich mit dem Pariser Orgelhersteller Gavioli an, der mit Vorliebe seine Melodien auf die Walzen seiner Orgeln stiften ließ. Auch Paul Lincke (1866-1946) erzielte durch seine Bekanntschaft mit Adolf Holl einträglichen Straßenerfolg für seine Musik.

Umgekehrt und wie zum Dank hat unser Straßeninstrument seinen Platz auch im Theater gefunden. 1856 wurde im Téatre des Bouffes Pariesiens die Operette "L' orgue de Barbarie" von Giulio Alary mit dem Libretto von Léris uraufgeführt. In Giacomo Puccinis (1857-1924) Oper "Der Mantel" wird die Drehorgel am Seineufer gespielt. In Igor Stravinskys (1882-1971) "Petruschka" begegnen zwei Leierkästen. In Boris Blachers (1903-1975) "Chiarina" tritt ein Drehorgelspieler auf. Für die Drehorgel schrieben sie allerdings nicht. Insofern steht Carl Philipp Emmanuel Bach (1714-1788), sieht man von einigen Komponisten der Jetztzeit ab[79], ziemlich einzig da. Er schrieb zwei Originalkompositionen "für die Drehorgel", ein Adagio in g-Moll und ein Allegro in C-Dur[80]. Immerhin erzählte man von Beethoven, er habe fasziniert einem Drehorgelspieler zugehört und geäußert, "so akkurat" möchte er seine Musik einmal spielen hören. Kurt Weill (1900-1950) ist 1928 zusammen mit Bert Brecht (1898-1956) bei Giovannii Bacigalupo in der Schönhauser Allee mit der Bitte vorstellig geworden, Melodien aus der "Dreigroschenoper" für eine Drehorgel zu arrangieren. In der "Dreigroschenoper" selbst schreibt Brecht vor, "die Moritat von Mackie Messer in der Art eines Leierkastens" zu spielen. Im Programmzettel der Erstaufführung wurde vermerkt: "Die Walzen des Leierkastens wurden hergestellt in der Fabrik Bacigalupo". Claude Debussy (1862-1918) fragte ernstlich: "Wäre die Drehorgel nicht eine köstliche Belebung für die ewig gleichen Programme mancher Sonntagskonzerte?" Vielzitiert ist das Wort, das Yehudi Menuhin (1916-1999) einem Drehorgelspieler sagte, als er ihm eine Münze in die Sammeldose legte: "We musicans must stick together." Eine zu dieser Anekdote passende Begebenheit berichtet Heinz Steguweit[81]:

Der Geiger Theophil fühlt sich allmorgendlich beim Üben und seiner Grundfrage "Warum sind wir auf Erden?" gestört. "Die Ursache ist rasch erzählt: Sooft Theophil meinte, der Lösung des Rätsels nahe zu sein, bog ein Leiermann in die Straße, hinkend und alt; die rechte Hand orgelte emsig, die linke schob das

---

[79] Vgl. unten S. 115 die Hinweise auf zeitgenössische mechanische Musik.
[80] Vgl. Drehorgelstücklein aus dem 18. Jahrhundert. Edition Peters 9162, hg. v. H. Zeraschi, Leipzig 1973, S. 7 u. 8.
[81] Leiermann und Fiedelbogen, in: H. Steguweit, Leiermann und Fiedelbogen. Neue Erzählungen. Wiesbadener Volksbücher Nr. 272, Stuttgart 1941, vgl. S. 7 - 10.

Fahrgestell ... Ach, Melodien hatte die Orgel, Gesänge patinierten Alters und biedermeierlicher Verlockung, manches Lied kam noch im Krinolinenduft, manche Polka mit Vatermördern und wogendem Dekolleté; zum Steinerweichen und Gotterbarmen diese täglichen Konzerte, vom Glühwürmchenidyll bis zur Holzauktion, von den dunkeln Augen bis zum purpurnen Mund ... Kennst du den Kerl, den Leiermann, diese wandelnde Kulturschande? Daß er überhaupt seinen Kasten drehen darf? Ist das nicht Lärm, Ruhestörung, öffentliches Ärgernis? -- klagt er seiner Frau. Die wußte Rat. Als der Orgelspieler am nächsten Morgen wieder in die Straße bog, tat sie einen tiefen Atemzug: "Schau, Theophil, er ist ein alter Mann - ... Er ist sogar ein armer Mann, Theophil. Auch hinkt er und trägt das Eiserne Kreuz... Ein Invalide. Ach, du mußt wissen, die Leierkästen werden immer seltener." "Gottlob -" "Geduld, Theophil! Die Welt baut Wolkenkratzer, hetzt in Rekorden, macht Preisboxer zu Dioskuren und erfindet giftige Gase." "Was kümmert's den Orgeldreher?" "Er ist ein Idyll. Und Idylle drohen zu sterben samt und sonders." ... "Aber ist das Dudeln nicht sehr simpel, liebe Berta - ?" "Ob Dudeln oder Fiedeln: Was die Übermacht der seelenlosen Mathematik angeht, so hättet ihr gegen sie zusammenzuhalten, der Leierkasten mit dem Sonatengeiger!" "Aber Berta - !" Er trat zurück. Kaum gekränkt, vielmehr gerüttelt, indes das Glühwürmchenidyll aus den alten Orgelflöten pfiff ... Frau Berta zückte derweil einige Groschen, wickelte sie in Papier, warf sie hinab in die besonnte Straße. Der Leiermann hielt inne, suchte umher. Theophil rief ihm zu: "Herr Kollege, drüben, am Gitter des Gartens, Herr Kollege!"

Die Drehorgel, das ungeliebte, närrische, störende Instrument

"Lieber Leierkastenmann fang' nochmal von vorne an...", so beginnt eines der schönen Berlin-Lieder (1928) von Willi Kollo (1904-1988). So freundlich war der Ton nicht immer. Johann Daniel Anders meinte 1829, Drehorgeln seien "häufig zur Folter für musikalische Ohren geschaffen"[82]. Nicht zufällig hatte der Wiener Komponist Moritz Kässmeyer (1831-1884) mit seiner "Höchst schauerösen Ballade von einem Ritter, welcher sein Ehegespons zu Tode leyern ließ" erheblichen Publikumserfolg. Bei Wilhelm Busch (1832-1908) heißt es in "Eduards Traum": "Ein Buch ist ja keine Drehorgel, womit uns der Invalide unter dem Fenster unerbittlich die Ohren zermartert." Der Lyriker Paul Verlaine (1844-1896) schrieb über sie:

> Il brame un de ces airs, romances ou polkas
> Qu'enfants nous tapotions sur nos harmonicas
> Et qui font, lents ou vifs, réjouissants ou tristes,

> Vibrer l'ame aux proscits, aux femmes, aux artistes.
> C'et écorché, c'est faux, c'est horrible, c'est dur,
> Et donnerait la fièvre a Rossini, pur sur ...

Zu deutsch in etwa: "Sie plärrt ihre Walzer oder Polkas heraus wie wir sie als Kinder auf der Mundharmonika spielten. Ob lebhaft oder sanft, ob fröhlich oder traurig, läßt sie die Herzen der Unverstandenen, der Frauen und Artisten höher schlagen. Schrill klingt sie, falsch, abscheulich und hart, Rossini würd' sich bestimmt im Grabe umdrehn."
Georges Duhamel (1884-1966), der Romanschriftsteller und Kulturphilosoph, spricht vom "Wiehern einer Drehorgel in der rue Mouffetard". Karl May (1842-1912) benutzt in "Der Mir von Dschinnistan" den Drehorgelklang zur Bezeichnung eines "Schreis der Freude ..., der aber so entsetzlich klang, als ob dem Verursacher desselben die ganze Seele mitten entzwei gerissen worden sei." Der also "riß das Maul sperrangelweit auf und vollführte dann ein Geschrei, ein Gebrüll, ein Freudengeheul, als ob einige Duzend Drehorgeln und Leierkästen auf uns losgelassen worden seien." Die Wendung "immer dieselbe Leier" weist auch auf unser Instrument zurück und mag Hermann Hesse (1877-1962) im Blick auf seine Dichterlesungen zu der Äußerung veranlaßt haben, er müsse "abends wieder die Drehorgel spielen"[83]. Heinrich Seidel (1842-1906) hat in seinem Gedicht "Die Musik der armen Leute" diese Stimmung, wenn auch nicht zustimmend, festgehalten: "Der Herr Musikprofessor spricht: Die Drehorgeln, die dulde man nicht! Sie sind eine Plage und ein Skandal."[84] Die Zeitschrift für Instrumentenbau vom 21.06.1883 teilt folgende Anekdote mit:
"Eines Tages besuchte Méry den jüngst verstorbenen Schriftsteller Jules Sandeau, als ein Leierkastenmann sich unter dem Fenster etablirte und seine Melodien abzudrehen begann. Sandeau, den dieses grausame Spiel belästigte, warf ihm ein Fünfzig-Centimes-Stück zu mit den Worten: "Hier, lieber Mann, und jetzt gehen Sie fort." "Wie?", rief Méry aus, "Sie ermuthigen dieses schändliche Gewerbe? Der Mann wird morgen wiederkommen und wird Ihnen alle seine Kameraden schicken." "Was soll man denn thun, wenn man die Leute loswerden will? Fragte Sandeau. "Das will ich Ihnen gleich sagen. Ich wohne Rue des Martys, d.i. in einer Strasse, wo mehr Orgelmänner hinkommen, als in irgend eine andere. Kaum hatte ich diese Wohnung bezogen und öffnete das Fenster, als einer dieser Virtuosen sich auf dem jenseitigen Trottoir aufstellte und das Miserere zu spielen begann. Sofort gab ich Zeichen einer lebhaften Befriedi-

---

[82] Musikalisches Wörterbuch für Freunde und Schüler der Tonkunde, Berlin 1829.
[83] Den Hinweis danke ich Michael Limberg, Düsseldorf.
[84] in: Gesammelte Schriften, XI Band, Neues Glockenspiel. o.O., o.J., S. 52.
[85] Berlin und Leipzig, S. 120-123.

gung von mir. Nach dem Miserere erfreute er mich mit dem Rosenwalzer. Ich nahm einen Stuhl und setzte mich auf den Balkon. Der Mann spielte: "Oh die kleinen Lämmerchen" und ich applaudierte, was ich konnte. Er ging hierauf zu "Margarethens Hut" über, worauf ich mein Dienstmädchen rief, damit sie auch die Freuden der Aufführung geniesse. "Noch Etwas", rief ich dem Orgelmann zu. Er fing von vorne an, dann nahm er höflich seine Mütze ab und reichte sie mir dar. Ich diesem Augenblick schloss ich rasch das Fenster und betrachtete hinter dem Vorhang eine Scene, die für jeden Andern als mich herzbrechend gewesen wäre. Der Mann sah meinen Balkon mit Verzweiflung an. Endlich warf er die Orgel auf seine Schulter, machte seinen Klappstuhl zu und entfernte sich wankend, nachdem er meine Hausnummer notirt hatte. Ich habe die nämliche Geschichte fünf oder sechs Mal mit seinen Kollegen aufgeführt. Und niemals hält sich ein Leierkasten vor meinem Hause auf. Mehr noch! Gestern Morgen stand ich ruhig am Fenster, als ich einen Mann in Sammethose und mit der Orgel auf dem Rücken kommen sah. Als er mich sah, beschleunigte er seinen Schritt, machte mir eine Lange Nase, als wollte er sagen: Du möchtest gerne ein Stück von mir hören, nicht wahr? Aber Du hast mich einmal schon gefoppt - mein Leierkasten ist nicht für Dich!"

In den Städten waren Regelungen nötig, das Straßenspiel einzudämmen. Ein Zuviel an Drehorgelklang kann, ganz abgesehen von der vernachlässigten Stimmung der Orgeln, zur Qual werden. Der Berliner Volksmund spricht Bände mit der Abschiedsformel: "Kommen Sie nicht untern Leierkasten!" Josef Winkler schildert in seinem westfälischen Schelmenroman "Der tolle Bomberg" (1925) folgende Begebenheit[85]:

"Bei einer Ausfahrt traf er (sc. der Baron) auch mal einen biederen Orgeldreher, der am Wege stand und den etwas harthörigen Dörfler vorspielte. "Spielmann," sagte der Baron zu ihm, "komm mit und setz dich neben mich auf den Bock! Wenn du dann fleißig spielst, sollst du mehr verdienen, als wenn du noch in zehn Dörfern den Orgelkasten drehst!" Der Orgeldreher war es zufrieden. Mit des Barons Hilfe kam der Orgelkasten auf den Bock, und der Orgeldreher kletterte nach, dem zuletzt der Baron folgte. Die blondhaarigen Dorfkinder standen dabei und sperrten vor Verwunderung den Mund auf, während die Dorfspitze das Gefährt kläffend umsprangen, bis ihnen der Baron mit einem Peitschenhieb, der die Nase traf, einen empfindlichen Respekt einflößte. Alsbald ging die Fahrt los. "Nun spiel," begann der Baron. Und der Orgeldreher fragte bescheiden: "Welches Stück wünschen Sie?" - "Wie kann ich wissen, was du auf dem Programm hast, zähl mal auf." - "'Druck nicht so, druck nicht so, es kommt ne Zeit wird's wieder froh', ,Leise flehen meine Lieder', ,Mag der Himmel dir vergeben', und noch die Ouvertüre aus der Oper: ,O Hannes wat'n Haut!'" "Das ist ja mehr als reichlich! Gut denn, orgel' los: ,Druck nicht so, druck nicht so - "Kaum aber hatte der Spielmann losgedreht, als der Baron schon an zu schreien fing: " Halt, halt auf,

Kerl, du stößt mir ja beim Orgeldrehen unters Kinn, ich will mich gleich auf die andere Seite setzen; sonst fliegen mir noch die Zähne daher!" Und alsbald kletterte der Baron vom Wagen und an der anderen Seite wieder drauf, nachdem ihm der Spielmann Platz gemacht hatte. Alsbald mußte dieser weiter spielen, und dabei lachte der Baron mit dem ganzen Gesicht. Als das Stück zu Ende war, sagte er: "Das war schön, wirklich schön, Kerl, so apart habe ich das Stück noch nicht spielen hören. Nun aber halt dich mal ein wenig fest, wir wollen eine Wegstrecke lang die Pferde galoppieren lassen, damit ich rascher zur Stadt komme!" Mit diesen Worten schlug der Baron auch schon auf die Pferde. Und nun raste das Gefährt durch dick und dünn, daß die Bäume am Wege an zu tanzen fingen. "Halt, halt! Herr Baron, halten Sie auf!" schrie der Orgeldreher in seiner Todesangst – "ich fliege gleich mitsamt meiner Orgel in den Graben, halt, halt!" – "Ach was, Kerl, sei doch kein Frosch, halte dich fest, und dann spiel uns noch einen auf," entgegnete gelassen der Baron, der immer mehr auf die Pferde einhieb. "Spielen, spielen?" schrie der Orgeldreher, "nicht um eine Million, ich will den Hals nicht brechen und noch die Orgel verlieren! Die kostet hundert Taler, noch drei Jahre muß ich abbezahlen! Halt, sage ich, Baron, halt!" "Sei nur stille, ich kauf dir die ganze Orgel ab, aber du mußt Vernunft annehmen und hübsch tun, was ich wünsche!" "Ach Gott, Herr Baron – halt, halt, ich stürze, Baron, da fliegt mein Handschuh her, die Orgel stößt vor den Bauch! Halt!! Halt! meine Mütze muß ich wieder haben!" – "Laß deine Mütze nur liegen, ich kaufe dir in der Stadt eine neue. Wegen der dummen Mütze kann ich doch die Pferde nicht einhalten!" "Aber ich will auch den Hals nicht zerbrechen, Baron!" "Das sollst du auch nicht!" Und weiter rasten die Pferde. Und als der Baron schon die Stadtmauern sehen konnte, sagte er gelassen zu dem Orgeldreher: "Nun gib acht, fortab sollen die Gäule langsam gehen, damit auch wir uns ausruhen können. Aber wenn wir in die Stadt kommen, mußt du gewaltig spielen! Willst du das?" "Ach, Herr Baron, das möchte ich wohl, aber was sollen die Leute dazu sagen?" "Was gehen uns die Leute an, dummer Kerl!" "Aber es ist doch eine schenierliche Sach.´S Stadtvolk wird uns doch reineweg für toll gewordene Affen halten!" "Laß es uns zum Teufel halten für Ziegenböcke! Das soll einerlei sein! Über Kleinigkeiten muß man erhaben sein!" "Ja, ja, Herr Baron ... Am Ende packt mich die Polizei beim Kragen!" "Ach was! Ich bezahl! Wenn du nicht willst, steig ab, orgele für Pfennige, bis du deine Orgel selbst abbezahlen kannst." Das mochte nun der geängstigte Spielmann auch nicht und nach einiger Überlegung sagte er: "Gut, so will ich es wagen." "Wenn du klug bist, Kerl." Und nach kurzer Zeit kamen die beiden in die Stadt, und der Orgeldreher, der sich inzwischen mühselig und beladen in sein Schicksal ergeben hatte, fragte ängstlich: "Was soll ich spielen, Herr Baron?" "Bleib nur bei deinem alten Dessauer: Druck nicht so, druck nicht so, es kommt 'ne Zeit wird's wieder froh!" Als der Wagen nun eben die Stadtpforte erreicht hatte, dreht der Spielmann die Orgel. Schon ging der

Kabinett für Kulturarbeit

DER STADT LEIPZIG
701 Leipzig, Katharinenstraße 23, Fernruf 26092 - 26062

Ihr Zeichen   Ihre Nachricht vom   Unser Zeichen Jtz/Ja   28.9.1971

Betrifft: B e s c h e i n i g u n g

Herr Joachim P e t s c h a t, wohnhaft 7o3 Leipzig, Triftweg 35, geb. 16.o1.1947 wird für seine nebenberufliche Tätigkeit als Drehorgelspieler zu Veranstaltungen in Betrieben, Wohngebieten und bei Volksfesten zugelassen.

Er hat Anspruch auf eine steuerfreie Entschädigung von Mark 27.- je Veranstaltung und Mark 1o.- für seine Transporthilfe.

Für Aufwendungen und Gestellung des Instrumentes ist er berechtigt Mark 15.- je Veranstaltung zu berechnen.

Janietz
Direktor

Kabinett für Kulturarbeit
der Stadt Leipzig
701 Leipzig
Katharinenstr. 23 (Romanushaus)
Telefon 26092 und 26062

KÜCHHOLD-PETSCHAT
Triftweg 35
Leipzig · 7030
Telefon: 87 34 35

☞ Rechnung ☜

Für .... Vortrag(e) mit Drehorgeldarbietungen wird hiermit berechnet:

1. Steuerfreier Förderungsbetrag mit Aufwandskosten
   lt. Einstufung des Kabinetts für Kulturarbeit Leipzig
   je Auftritt 77,00 Mark .... M
   Registriernummer: XIII/XV/-/29 bis 30

2. Fahrtkosten (PKW Typ Wartburg)
   Stadt Leipzig .... km à 0,30 M .... M
   auswärts .... km à 0,33 M .... M

3. Sonstiges
   ....
   .... M

                              Summe .... M

in Worten .... Mark

Betrag dankend erhalten

Betrag bitte auf Konto Nr. .... überweisen.

................................, den ....

III-18-210 LpG 541/86

Spektakel los. Die Leute blieben auf der Straße stehen, rissen die Fenster auf, johlten, schrien. Und bald hatten die beiden eine große Schar Straßenjungen hinter sich: "Hurra, der tolle Baron ist da!" – "Horig, horig, horig ist die Katz und wenn die Katz nicht horig wär, fing sie keine Mäuse mehr, horig, horig, horig ist die Katz!" Zuletzt wurde der Lärm so groß, daß die Polizei einschritt."
Allerdings gab es auch andere Verbotsgründe. Für die Niederlande ist beispielsweise zu verzeichnen: "Op 11 september 1942 verboden de Duitsers alle muziek op straat." Im Mai 1945 kamen sie dann wieder zu Vorschein, z.B. in Amsterdam, die Straßenorgeln: "Toen werd er hier op de Nieuwmarkt gedanst en gefeest. De orgelman spoorde de mensen aan, en hij haal des nog heel wat op." Und heute stellt die Stadt Frankfurt am Main in einem Informationsblatt zur Straßenmusik vom Juni 1993 offiziell und öffentlich fest: "Die Stadt Frankfurt am Main betrachtet Straßenmusik als eine allgemeine kulturelle Bereicherung und insbesondere als belebendes Element in den Fußgängerzonen." Andere Städte wie Marburg oder Kassel haben sich ähnlich geäußert. Als "Kulturarbeiter" wurden Drehorgelspieler in der Deutschen Demokratischen Republik auf Antrag hin eingeordnet. Für das Drehorgelspiel als "Kulturarbeit" bedurfte es der Zustimmung zum öffentlichen Spiel "in Betrieben, Wohngebieten und bei Volksfesten" durch das städtische "Kabinett für Kulturarbeit". Die Behörde legte zugleich den "Anspruch auf eine steuerfreie Entschädigung", die Beträge dafür und für eine "Transporthilfe", sowie für "Aufwendungen und Gestellung des Instruments" fest.

Kurze Bemerkungen zu Großorgeln

Sogenannte Großorgeln wurden etwa seit 1870 als Karussell-, Jahrmarkts- oder Schausteller-, Straßen-, Konzert- und Tanzorgeln gebaut. Sie waren auf dem Markt- wie Rummelplatz, in Kurhallen, im Tanzsaal oder - wie heute noch vor allem in den Niederlanden das Pierement mit seinem besonderen Klangcharakter und einer herausragenden draaiorgel cultuur[86], für die u.a. die Namen der Waldkircher Carl Frei Senior und Junior stehen, auf der Straße zu hören und zu sehen - zu sehen, weil für die Fassade erheblicher Aufwand getrieben wurde. Kostbare Intarsien finden sich ebenso wie wertvolle Fournierhölzer, Barockfassaden mit echter Vergoldung wie großartige Beispiele des Jugendstils. Ferdinand Demetz (1847-1896)[87] aus St. Ulrich in Südtirol schuf Fassaden etwa für Ruth & Sohn, Gebr. Bruder, Wilh. Bruder Söhne, Limonaire, Waldkirch, Gebr. Richter und Gebr. Wellershaus sowie Gavioli und Marenghi. Als ein bekannter Waldkircher Hersteller von Orgelfassaden von anerkannt guter Stilisierung ist weiter Joseph Dopp (1869-1948) zu erwähnen. Die Fassaden der Instrumente

Kirmesorgel, 76 Claves, Gebrüder Richter, Düsseldorf 1923, Elztalmuseum Waldkirch
Foto: Dr. Kajo Trottmann

35er Konzertorgel, Ruth u. Sohn, Waldkirch. Elztalmuseum Waldkirch.
Foto: Elztalmuseum Waldkirch

waren meist mit dem Namen der Hersteller und des Ortes versehen und wurden so zu Werbeträgern für eine Stadt oder Region. "Auf allen Märkten weit und breit ruft uns die Orgel zu, die Stadt, die mich gesendet hat, mein Waldkirch, das bist Du" - reimte Lehrer Ott aus der Kandelstadt.

Die Drehorgel in der Kirche und in besseren Häusern

Der Organist des Münsters St. Ulrich in Augsburg, Erasmus Mayr, (um 1545-1624), hat bei seiner Vernehmung im Streit um die Ursprünglichkeit der Orgelautomatophone von H.L. Haßler (1564-1612) vor dem Augsburger Gericht 1602 erklärt, er habe auf seiner Fahrt durch Italien 1576 ein Instrument gesehen, "das ein Musikstück so spielte, als ob ein Organist daran säße." Paul von Stetten berichtet in seiner "Kunst-, Gewerbe- und Handwerks-Geschichte der Reichs-Stadt Augsburg, Augsburg 1779" von einer Kirchenorgel, die "eine ganze Vesper von sich selbst schlage". Vor allem dem Engländer Cromwell (1599-1658) ist es zu danken, daß auch Kirchenorgeln mit Stiftwalzen versehen und zu selbstspielenden Instrumenten umgebaut oder als solche konstruiert und ausgeführt wurden. Er hielt Orgelspiel in calvinistischer Tradition[88] für weltlichen, unnützen Tand. Infolge solcher obrigkeitlicher Auffassung kam es zum Sturm auf die Orgeln, wurde der Beruf des Organisten zumindest unattraktiv. Die Gemeinden aber wollten auf ihre Orgel nicht verzichten. So gelangte in England die Drehorgel in die Kirche. Unvorstellbar! Für manche Kirchenmusiker und Pfarrer noch heute! Hier mag noch nachwirken, daß die Vorgängerin der Kirchenorgel in römischer Zeit als Circus- und Theaterinstrument dem Gaudium diente und erst vom 7. Jahrhundert an ihren Ort im Kultus der Kirche fand[89], Kirchenmusik aber nach römisch-katholischem Verständnis in der Messe und den "piis exercitiis" zu verorten ist[90]. Pius X. forderte 1910, sie müsse "in hohem Maße die besonderen Eigenschaften der Liturgie besitzen"[91]. Konnte, kann das unser Leierkasten leisten? Kann er der "dignitas, gravitas et sanctitas liturgiae" genügen?[92] Martin Luther (1483-1546) hingegen galt Musik, auch Instrumentalmusik, als "das größte, ja wahrhaft ein göttliches Geschenk", das Freude nicht nur aus-

---

[86] Daß in den Niederlanden auch die Handdrehorgel ein Zuhause hatte, belegen u.a. entsprechende Darstellungen. Ein Aquarell aus dem "atlas Zelandia Illustrata", entstanden um 1800, zeigt einen Drehorgelspieler. (Rijksarchief voor Zeeland, Middelburg / NL; Abbildung: Koninklijk Zeeuwsch Genootschap der Wetenschappen (Hg.): Zeeland 2000. Lering en Vermaak. Middelburg 1999, Titelseite; vgl. hier auch die Wiedergabe des Bildes Kermis op een Walchers dorp, ca. 1825, Nr. 38, und die des Aquarells von Cornelis Kimmel (1804-1877): Kermis te Souburg, 1860, Nr. 36.)

[87] 1896 setzte sein Sohn Vincenz (1876-1951) die "Ferdinand Demetz'sche Kunstanstalt", später unter dem Namen "Vincenz Demetz Akademie" fort.

drücken, sondern auch hervorrufen kann[93]. Michael Praetorius (1571-1621) stellte unter Bezug auf den altkirchlichen Märtyrer Justin (+167) fest: "Es ist und bleibt Gottes Wort, auch das da im Gemüth gedacht, mit der Stimme gesungen, auch auff Instrumenten geschlagen und gespielet wird."[94] Aber nicht genug: Gottfried Mittag aus Lüneburg empfahl in einer Abhandlung über die Orgel im Jahre 1756: Die Drehorgel "solle in den Gotteshäusern zum Lobe des Allerhöchsten gebrauchet werden". William Mason schrieb in seinem Werk "Historical an critical an English Churchmusic, York 1795", er ziehe "the mechanical assistance of a Cylindrical or Barrel organ" den "fingers of the best parochial organists" vor. Angemessener stellt Charles Burney in Ree's Cyclopaedia, 1810, fest: "The recent improvements of some English Artists have rendered the barrel capable of an effect equal to the fingers of the first-rate performers." Dom Francois Bedos de Celles hat in seinem Werk "L'art du facteur d'orgue, Paris 1778" in einem Kapitel über die "orgue á cylindre" die Walzenorgeln Pfarreien und Abteien auf dem Lande empfohlen, wo es schwer sei, einen Organisten zu finden, der etwas könne. 1811 propagierte Anton Otto Schellenberg mit seinem bereits erwähnten Büchlein "Die Pasimusik oder das Hermans-Spiel" die Verwendung der Drehorgel für Andachten, Gottesdienste und Totenfeiern. Im Jahre 1821 und 1822 erschien im Märkischen Boten und im Beobachter an der Spree ein Artikel, der den Kirchengemeinden riet, Drehorgeln aufzustellen; man spare nicht allein den Organisten und damit Geld, sondern fördere mit besserer Musik den edleren Geschmack[95]. Walzenorgeln sind für diese Zeit etwa in der Kirche in Voitshagen/Hinterpommern, in Wendisch Willmersdorf bei Trebbin und in Schönwerder bei Stargard nachgewiesen. 1822 wurden durch den preußi-

---

[88] So hat etwa Jan Pieterszoon Sweelinck (1562-1621), weil in den calvinistischen Niederlanden die Orgel kein gottesdienstliches Instrument war, kaum liturgische Orgelmusik veröffentlicht.

[89] Die Orgel soll von, Ktesibios von Alexandria im 3. Jahrhundert vor Christus erfunden worden sein. Von Papst Vitalianus wird berichtet, er habe 660 die Orgel in den christlichen Gottesdienst eingeführt. Um 757 hat Pippin von Kaiser Konstantin eine Orgel zum Geschenk erhalten. 824 wird im Aachener Münster eine Orgel erwähnt. Für die Orgel komponierte Musik ist seit dem 14. Jahrhundert erwähnt, im Orgelbuch von Faenza und Robertsbridge Fragment.

[90] Die Liturgiekonstitution des Vaticanum II stellt fest, daß die Kirchenmusik "vor allem deshalb ausgezeichnet ist, weil sie als der mit dem Wort verbundene gottesdienstliche Gesang einen notwendigen und integralen Bestandteil der feierlichen Liturgie ausmacht". (Sacrosanctum Concilium, S. 112)

[91] Motu propiro über die Erneuerung der Kirchenmusik: "Tra le sollecitudini" (22.11.1903).

[92] Diese Frage kann allerdings aus heutiger Sicht mit einem Zitat von Franz Xaver Witt, dem Gründer des Cäcilienvereins, aus dem Jahre 1865 relativiert werden: "Die moderne Kirchenmusik Haydns ist vielfach nur eine Lüge, ein Haydnsches Kyrie ist eben kein kyrie eleison ..., sondern ein Hopsasa." (Vgl. H. J. Irmen, Gabriel Joseph Rheinberger als Antipode des Cäcilianismus, Regensburg 1970, S. 198f.)

[93] Ausgewählte Werke, Ergänzungsreihe, Bd. 3, Tischreden, München 1963, Nr. 823, vgl. Nr. 828.

[94] Polyhymnica caducreatrix et panegyrica, 1619, in: Ders.: Gesamtausgabe der musikalischen Werke, Bd. 17, Wolfenbüttel o.J., S. VII.

schen Finanzminister von Bülow Mittel beantragt, um für die Kirchen der Dörfer Zehlendorf, Michendorf und Marzahn "Walzenorgeln mit Chorälen zum Lobe des Allerhöchsten" zu erwerben. Der Kirchliche Anzeiger für Württemberg sprach sich 1903 für automatische Spielvorrichtungen für Orgeln aus, um der "wachsenden Organistennot" zu begegnen. Die Begeisterung für solche Instrumente mag folgende Erinnerung beleuchten: Der Engländer Dr. Bussel sammelte Walzenkirchenorgeln und kaufte sie mitsamt den Kirchen, in denen sie standen. Mit dem Erwerb übernahm er im übrigen die Besoldung der Pfarrer und Küster. In seinem Sterbejahr 1944 konnte er 30 Dorfkirchen sein Eigen nennen, darunter die Shellander Kirche von 1767. Auch in religiösen Vereinen und christlichen Vereinshäusern hielt die Drehorgel nach dem Harmonium, das in pietistischen und erwecklichen Kreisen zuweilen mehr als eine richtige Orgel geschätzt wurde, ihren Einzug, die sogenannte Methodistenorgel. Sie gehört zu den Organetten, von denen im 3. Kapitel zu lesen sein wird.

Bei Adel und gehobenem Bürgertum kamen selbstspielende Salon-Orgeln, namentlich in England, aber auch in Frankreich zu Erfolg. Die älteste bekannte, signierte barrel-organ wurde 1762 von James Evans in London hergestellt. Einer der ersten Hersteller war die Firma Longman & Broderip in London, gegründet 1776. Sie wurde später von Muzio Clementi (1752-1832)[96] übernommen, den wir noch als Komponisten und als Musikverleger mehrerer Werke Beethovens kennen. Französische Salon- und mechanische Kirchenorgeln sind vor allem in Mirécourt zu Hause. Für kleine Landgemeinden baute Nicolas Antoine Lété (*1793 in Mirécourt) nachweislich 74 Walzenorgeln. Solche für die Kirche oder das Bethaus baute auch J.J. Benoit, Facteur d'orgues et de Sérinettes a Mirécourt. Zu nennen ist die Firma Thibouville-Lamy, die seit 1790 in Paris arbeitete. Die Firma Gavioli baute gegen Ende des 19. Jahrhunderts Salonorgeln in Klavierkörper ein.

Chamber-Barrel-Organ, 15 Claves, Longman & Broderip, London 1786.
Foto: Roland U. Neumann

III. Von Orgelbauern, Arrangeuren, Organetten und Leierkastenmusik für Vögel und Kinder

Zentren des Drehorgelbaus

waren *Waldkirch* im Breisgau mit beispielsweise den Firmen der Familie *Bruder*[97] oder der Firma *Ruth & Sohn*[98], dem Orgelbau Carl *Frei*[99], aber auch den Filialen der Pariser Firmen *Gavioli & Cie*[100] sowie *Limonaire Frères*[101] und *Berlin* mit den Firmen *Frati*[102] oder *Bacigalupo*[103] in der italienischen Kolonie im Prenzlauer Berg[104] und den Firmen *Holl und Sohn*[105], Eduard *Hilger*[106], Albin *Lenk*[107] und Alfred *Lenk*[108]. Selten sind Instrumente der Firma *Cesare Donadoni & Pohl*[109]. Aber auch andere Städtenamen sind mit dem Orgelbau verbunden: *Bielefeld* seit einem Jahrhundert mit dem Orgelbau *Geweke*[110], *Breslau* mit den Firmen *Bücksch* und Ernst *Teichert*[111], *Dortmund* mit der Firma *Hesselmann*[112], *Düsseldorf* mit der Firma *Richter*[113], *Frankfurt-Höchst* mit der Firma Heinrich *Voigt*[114], *Gersfeld / Rhön* mit den *Gersfelder Letzen*[115] (Singorgeln) der Orgelbauer Wilhelm *Limpert*, dessen Neffen Eduard *Richter*[116], Johann *Baier* und Otto *Barthelmes*, *Halle* mit den Orgelbauern Franz *Hartung*[117], Giuseppe *Rosasco*[118] und Karl *Stiller*[119], *Hannover*

Walzendrehorgel, Harmonipan, 30 Claves, Wilhelm Bruder Söhne, Waldkirch um 1880.
Foto: Roland U. Neumann

Walzendrehorgel, Violin-Trompete, 44 Claves,
G. Bacigalupo, Berlin um 1910.
Foto: Roland U. Neumann

Walzendrehorgel, Harmonipan / Doppelpan,
24 Claves, Fritz Wrede, Hannover um 1890.
Foto: Roland U. Neumann

mit dem Hersteller Fritz *Wrede*[120] und dem Orgelbauer *Fehrenbach*, *Leipzig* mit der Fa. *Biehler*, *Lübeck* mit der Firma *Flegel*, *Magdeburg* mit *Herrmann Bode* und *Raap & Sohn*, *Mülheim an der Ruhr* mit der Firma Gebrüder *Wellershaus*[121], *Nürnberg* mit Fritz *Loos*, *Saarlouis* mit dem Orgelbauer Sylvester und seinem Sohn Mamert *Hock*[122], *Weimar* mit dem Orgelbauer *Luther*, *Wien* mit den Firmen Franz *Janisch* (Josef Janisch Nachf.) und *Molzer*[123].
Letztere hatten ihren Ursprung in Böhmen. Böhmische Orgelbauer sind beispielsweise mit der Firma *Franz Kolb* in *Beckengrund*[124], dem Hersteller Anton *Haupt* in *Kratzau*, der sich seit 1839 auch für *Zittau* in Sachsen nachweisen läßt, und die Fa. Gebrüder *Riemer*, gegründet 1845 in Kratzau, die 1845 ebenfalls in Zittau eine Filiale eröffnete[125], anzuführen. Nicht vergessen werden soll in dieser Auflistung auch *Prag* mit den Firmen *Kamenik* und *Hrubes*. Weiter sind zu nennen: *Paris* mit Jerome *Thibouville & Cie.* sowie der 1846 gegründeten Firma *Gavioli*, die, wie gesagt, auch in Waldkirch eine Filiale unterhielt, oder der Firma *Limonaire*, die in Waldkirch, als Gavioli 1908 die Niederlassung dort aufgeben mußte, die Filiale übernahm. Limonaire stammte, wie viele andere Hersteller, aus der Firma Gavioli; weiter: die Firmen *Charles Marenghi* und *Gasparini*. Zu nennen sind auch: *London* mit der Firma von Victor *Chiapa*[126], *Antwerpen* mit den

Walzendrehorgel, Harmonipan, 33 Claves, Gebrüder Richter, Düsseldorf um 1920.
Foto: Roland U. Neumann

Firmen *DeCap* und *Mortier*, Verbeeck bei Antwerpen und weiter in Belgien Louis Hooghuys in Grammont. Genannt werden muß Carl Frei sen. in *Breda* in den Niederlanden, dann in Waldkirch, wo auch sein Sohn Carl Frei jun. arbeitete. Für die *USA* sollen die *North Tonawanda Barrel Organ Factory* in North Tonawanda, N.Y. und die *Rudolf Wurlitzer Company* in Cincinnati, Ohio, angeführt werden[127]. Erwähnung verdienen weiter die *North Tonawanda Musical Instrument Works*[128] und die *Niagara Musical Instrument Manufacturing Company*[129].

Die Arrangeure, vier Beispiele

Für den Erfolg einer Orgel ist aber nicht nur das Orgelwerk, sondern in Korrelation auch das Musikarrangement verantwortlich. Bedeutende Arrangeure der ersten Hälfte des 20. Jahrhunderts waren in Deutschland etwa Giovanni Bacigalupo, Gustav Bruder, Carl Frei sen. und Fritz Wrede[130].
Giovanni Bacigalupo beachtete die Bedeutung der Kontrapunktik. In aller Regel legte er eine Gegenmelodie unter die Melodie. "Der Baß ist das Fundament des

Blick in das Pfeifenwerk einer Walzenkarussellorgel, 49 Claves,
Gebrüder Bruder, Waldkirch um 1880.
Foto: Roland U. Neumann

Arrangements." Als gestalterische Elemente setzte er nachschlagende und gebrochene Akkorde. Triller wurden sparsam eingesetzt. Auch bei ihrer Anwendung ist immer eine bestimmte Arithmetik erkennbar.
Gustav Bruders Arrangements begeistern bei möglichster Treue zur Komposition hinsichtlich der stilistischen und rhythmischen Gestaltung wie konsequenter Satz- und Stimmführung durch ihre musikalischen Einfälle. Mit Recht hat man seine Kontrapunktik als genial bezeichnet, den Einsatz von Gegenmelodien als vorbildlich[131]. Zur Steigerung der Dramatik eines Stückes setzt er gern Doppeltriller, ein Effekt, der zumal bei windreichen Instrumenten seine Wirkung nicht verfehlt.
Carl Frei's Arrangements sind durch Wiederholungen von langen Läufen charakterisiert. Sie wachsen aus einer Melodie oder auch Gegenmelodie oder gehen in diese über oder enden in Trillern.
Fritz Wrede hingegen mied Läufe und wenn überhaupt, verwandte er hier ein aus zwei Tönen bestehendes Arpeggio. Geradezu prinzipiell fügte er zum Ende eines Stückes einen über der Melodie liegenden Triller ein. Er bevorzugte das Stakkato, d.h., bei lang anhaltenden Tönen setzte er mehrere Kommunen von Stiften, die beim Abspiel eine Folge von Tonstößen erklingen lassen. Im ganzen zeichnen sich seine Arrangements durch Klarheit und Melodietreue aus.

Ein Friedhofsbesuch in Waldkirch

Die Orgelstadt Waldkirch im Breisgau ist für Freunde mechanischer Musikinstrumente auch einen Friedhofsbesuch wert. Hier finden wir die Gräber der Bruder, der Ruth, der Frei, die Grabsteine der heute zumindest in Fachkreisen so namhaften Instrumentenbauer und Notenzeichner. Auf ihnen können wir etwa - teils verwaschen - lesen: Wilhelm Bruder, Orgelbauer, geb. 8. April 1819, gest. 5. Mai 1882, Franz Bruder I., Orgelbauer, 1855 - 1928, Otto Bruder, 1890 - 1969, auf schlichtem Granitstein; Max Bruder, Orgelbauer, geb. 23. Nov. 1867, gest. 2. Aug. 1903, Emil Bruder, Orgelbauer, geb. 30. April 1901, gest. 26. Febr. 1969 - efeuumrankt unter einem Christus, darüber der Engel mit dem Abendmahlskelch und dem Gethsemanewort; Richard Bruder, Orgelbauer, 1862 - 1912, und Alfred Bruder, Orgelbauer geb. 30. Juli 1889, gest. 2. April 1965; oder August Weber- Fabrikant - 22. Aug. 1861 - 14. Aug. 1918, 1883 hat er mit dem Orchestrionbau in Waldkirch begonnen, über der Inschrift in einem Steinbogen zwei musizierende Putten mit einem Orgelprospekt; mit einem Harfensymbol Gustav Bruder, Musikzeichner, 1890 - 1971; unter einem steinernen Kreuz neben stilisierten Noten und Orgelpfeifen Carl Frei 1884 - 1967, Komponist und Orgelbauer. An selber Stelle ruht auch Carl Frei jun. (1912-1997). Begonnen hat alles mit Ignaz Blasius Bruder (1780 - 1845), der seine erste Orgel 1806 in Simonswald baute. Sein Grab und die Ruhestätten von Andreas Bruder (1807-1859), Ignaz Bruder (1825-1891), Franz Joseph Bruder (1830-1881) und Wilhelm Bruder (1841-1893) sind auf dem Alten Friedhof in Waldkirch zu sehen.

Bruder-Gräber auf dem Alten Friedhof zu Waldkirch. Foto: Peter Scherle

... nicht den Körper,
sondern auch seine Seele müßt ihr suchen (Ignaz Blasius Bruder, 1829)
Bemerkungen zu einer Figurendrehorgel von I. B. Bruder [132]

Einleitend Ignaz Blasius Bruders Leben darzulegen, dürfte sich in Waldkirch, dem Ort, nach dem er 1834 von Altsimonswald übersiedelte und in dem er auf dem

Figurendrehorgel, 22 Claves, Ignaz Blasius Bruder, Waldkirch 1838
Foto: Josef E. Reich

Alten Friedhof begraben liegt, wiewohl mein Thema biographische Nachfragen provoziert, zumindest in diesem Rahmen erübrigen[133].

Wenngleich ich mich auch nicht in technischen Details ergehen möchte, einige Angaben zur Bruderschen Figurendrehorgel von 1838 vorweg: Das Instrument hat 22 Claves, 79 Pfeifen, 4 Register, Höhe: 51cm, Breite: 59 cm, Tiefe: 32 cm. Auf der mit Rückspiegeln ausgestatteten Bühne befinden sich 17 Figuren: von vorn gesehen rechts außen ein Türke, daneben an einem Tisch der Dirigent, zur Mitte davor Kaiser Napoleon, dahinter der Hofnarr, ein Klarinettist, links zwei Waldhornspieler, eine Gitarrenspielerin, der Hofmeister, ein weiterer Türke, eine Dublette des Dirigenten mit Klarinette, in der Mitte als zentrales Motiv ein tanzendes Paar umgeben von vier Einzeltänzern, zwei Männern und zwei Frauen. Der Figurenmechanismus funktioniert, auch wenn die Drehgeschwindigkeit[134] zu hoch ist. Auf der Walze sind 8 Stücke gestiftet. Die Orgel ist nicht oder noch nicht spielbereit.

Ignaz Blasius Bruder, der sogenannte "Uhrennazi", kam als Orgelbauer vom Flötenuhrenbau her. Seit 1806 soll er seinen Uhren bewegliche Figuren beigefügt haben. Seit 1818 fertigte er Drehorgeln[135]. Diverse waren figurenreich ausgestattet. Aus der Werkstatt von Ignaz Blasius Bruder sind mir mit Tanzpaaren versehen folgende Werke bekannt: 1. aus der Literatur eine Spieluhr mit Figuren aus einer Basler Privatsammlung[136], 2. die Flötenuhr im Badischen Landesmuseum in Schloß Bruchsal[137] - der Dirigent und der entsprechende Klarinettist der

Reich'schen Orgel stammen im übrigen offensichtlich vom selben Schnitzer -, 3. die Seewener mit vollem Namen signierte Flötenuhr von 1822[138], 4. die mit IB 23. Dez.1829 signierte sogenannte "Bärenführerorgel", heute im Besitz des Museums in Schloß Bruchsal[139], 5. in Seewen eine Figurenorgel mit Tanzpaaren mit der Datumsangabe 12. März 1830 und dem Hinweis auf Andreas Bruder (1807-1859), der damals noch in der väterlichen Werkstatt arbeitete[140], 6. das Instrument von ca. 1830 aus dem Stadtmuseum Gera[141] und 7. nun die Orgel von Joseph Reich aus dem Jahr 1838.[142]

Ignaz Blasius Bruders "Handbuch" bietet wichtige Darlegungen zum Flötenuhr- und Drehorgelbau[143]. Über die inneren Motive der Flöten- oder Orgelwerke mit Figuren geben seine Aufzeichnungen allerdings weniger her, es sei denn, man denkt Sätzen wie folgendem weiter nach. An seine "Nachfolger" gerichtet schreibt er: "Ich bitte daher noch einmal, daß Ihr nicht auf das Kleine, sondern auf das Große sehen wolltet, und nicht den Stamm der Dornrose beachtet, sondern den Wohlgeruch der Rose sollt Ihr achtungsvoll bewundern; nicht den Körper, sondern auch seine Seele müßt Ihr suchen, und wenn Ihr beides habt, dann gelangt Ihr erst zum wahren Ziel."[144]

Wir sind geneigt, Figuren-Orgeln und -Uhren lediglich mit Unterhaltung und Vergnügen in Zusammenhang zu bringen. Doch die Figuren sind durchaus nicht nur "im Sinne eines Showeffektes zu verstehen".[145] Es steckt mehr, steht mehr - ohne das Vergnügen herabsetzen zu wollen - Tieferes dahinter!

Schon die ersten mechanischen Uhren[146] beruhen auf dem Bedürfnis, mittelalterlichen Lebensgemeinschaften (Städte, Klöster) einen gemeinsamen Rhythmus anzuzeigen. Die Uhr wurde zur Metapher für Ordnung.

Ordnung (ordo) benennt eine Konfiguration, die jedem ihrer Bestandteile seine Stelle anweist[147]. Ordnung stellt eine einheitliche Beziehung unter vielem her, ordnet zusammen zu einem Ordnungsgefüge. Ordnung bezeichnet mithin nicht allein eine Eigenschaft oder einen Zustand, sondern die Bedingung der Möglichkeit, unter vielem eine Beziehung herzustellen, beispielsweise eine Zahl innerhalb einer Zahlenreihe, ein Tier als zugehörig zum Tierreich zu verstehen. Ordnung ist mithin das Produkt des Ordnens oder Anordnens[148]. Der Antike war Ordnung in der regelmäßigen Bewegung der Himmelskörper unmittelbar anschaubar und als Wesenszug der Wirklichkeit evident. Die Wohlordnung der Welt wird der Scholastik zum Beweisgrund (kosmologischer Gottesbeweis) für die Existenz eines ordnenden Schöpfers. Immanuel Kant (1724-1804) hat dann den Verstand als "Ursprung der allgemeinen Ordnung der Erscheinungen" verstanden, der alle Erscheinungen unter seine eigenen Gesetze und Anschauungsformen faßt, etwa die Anschauungsform der Zeit[149].

Wir sprachen von der Uhr als Metapher.

Auch die Figuren sind mehr als nur "verpuppte Mechanik"[150]. Menschen[151] schaffen den Maschinen-Menschen. Der künstliche Mensch ist mehr als nur Imitation des Menschen. Ein prominentes Beispiel des 18. Jahrhunderts ist der Flötenspieler, den Jacques de Vaucason (1709-1772) geschaffen hat[152]. Voltaire (1694-1778) nannte ihn den "Rivalen des Prometheus", den des mythischen Menschenschöpfers. Gleichsam prometheische Wunderwerke sind die Schöpfungen des Pierre Jaquet-Droz (1721-1780) und seines Sohnes Henri-Louis (1752-1791): Der Schreiber schreibt einen beliebigen Text, der Zeichner fertigt vier verschiedene Zeichnungen und pustet den Beistiftstaub vom Blatt; die Orgelspielerin schlägt die Tasten wirklich an, ihre Brust hebt und senkt sich beim animierten Musizieren[153]. Diese Automaten sind in ihrer technischen Perfektion mehr als nur "Anschein rührigen Lebens"[154]. Sie sind anthropomorpher, menschenförmiger Ausdruck planvoller Ordnung. Ihr Hersteller, der homo mechanicus oder homo artifex, jedoch erscheint als Schöpfer und wagt es in seinem in seiner Schöpfung begründetem Selbst- und Freiheitsbewußtsein, sich den Titel eines alter deus zulegen zu lassen[155].

Schlichter, gröber, volksnaher sind die beweglichen Figuren der Schwarzwälder Uhren und Orgeln, ihre Schnitzer wohl auch bescheidener[156]. Aber auch diese Figuren lassen, eingefügt in die Musikwerke, in ihrer geordneten, harmonischen Bewegung im Zusammenspiel mit der erklingenden Musik einen leitenden Ordnungsgedanken erkennen. Bei der Tanzszene unserer Orgel waltet nicht Willkür, nicht blinder Zufall. Außen der Türke einst, im 16. Jahrhundert, gefürchtet als die Bedrohung des Abendlandes, nun, 1838!, dabei mag der Ausgang des griechischen Freiheitskrieges eine Rolle spielen, zur lächerlichen Figur degradiert - Kaiser Napoleon, der Repräsentant der Idee einer anderen, neuen Welt, der der Ideale der französischen Revolution, dann der Schrecken Europas, gefangen und untergegangen[157]; Symbol enttäuschter Hoffnungen, noch im Vordergrund, aber doch nicht die Mitte, lediglich Zuschauer - im Zentrum das tanzende Paar, von Tänzern umgeben, der Dirigent, am Rande, gleichsam zum Statisten degradiert, dirigiert er ins Leere (oder ins Publikum). Die Mitte dreht sich, wohlgeordnet. Die entscheidenden Figuren des Rundlaufs symbolisieren es: Ordnung ist keine unveränderliche Struktur. Ordnung ist Bewegung. Ordnung ist nicht statisch starr. Ordnung ist dynamisch und veränderlich.

Diese Botschaft tanzen hölzerne Puppen zur Musik, harmonische Figurenbewegung gepaart mit dem Klang der Orgel, - und nicht zu vergessen: der Narr, im Unterschied zum (1838) lächerlich gewordenen Türken, der Weise im Narrengewand.

Und die auf der Walze gestiftete Musik? Da ein Zettel nicht vorhanden und die Orgel nicht spielbereit ist, wissen wir noch nicht, was sich auf der Walze befindet. Die genannten Parallelen lassen gefällige Musik erwarten wie Walzer, Anglaise, Polonaise, Contredance oder Motive aus Opern wie dem "Freischütz" oder andere zeittypische, populäre Stücke[158]. Auch diese Musik ist, zumindest der Absicht nach, harmonisch geordneter Klang (compositio)[159], nach I.Bl. Bruders

Intention vorgesehen für ein harmonisch rein zu stimmendes Instrument[160]. Musik und Figuren fügen sich in ihrem Spiel[161] für Augen und Ohren zugunsten einer dynamisch-harmonischen Ordnungsbotschaft.

Der Gedanke einer in Bewegung befindlichen und im Werden begriffen (fieri non factus) harmonisch geordneten Welt steht im Kontext und Widerspruch zum Faktum einer mittels Polizeigewalt willkürlich verordneten oder angeordneten, einer nach freiheitsfeindlichen Prinzipien erzwungenen und daher pervertierten Ordnung. Die Zeit des Biedermeier (zwischen 1815 und 1850) war nicht nur die Zeit scheinbarer privater Gemütlichkeit. Sie war die Zeit Metternichs und der Reaktion[162], für die Zeitgenossen verbunden mit persönlicher Erfahrung von Unterdrückung und Unfreiheit. Und sie war die Zeit des Vormärz.
Weil der Uhrmacher und Orgelbauer I.Bl. Bruder an eine dynamisch-harmonische Ordnung glaubt, kann er mittels seiner Kunst (techne) die Wirklichkeit ordnen. Sein schöpferisches Setzen von Ordnung setzt den Glauben an Ordnung voraus. Um ihrer willen geht er gegen die bestehende an. Seine Kunst überschreitet dabei die bloße Theorie im Sinne eines Wissens von Sachverhalten. Die Ordnung, die er glaubt und gestaltet, gibt ihm auf, sich in sie einzufügen. Ist er der Weise im Narrengewand? Diese Deutung ist möglich. Seine konstruktiv-mechanische Kunst gibt ihm eine ungeahnte Vorrangstellung. Als ihr Meister gewinnt er Freiheitsbewußtsein und mit ihm die kritische Überlegenheit des Künstlers oder des Narren über die Wirklichkeit. Insofern ist diese Orgel mehr als nur ein Zeugnis handwerklicher Kunst. Mit ihr belegt der einstmalige Maurergeselle[163] Ignaz Blasius Bruder auf seine, auf volkstümliche, volksnahe Weise einen bürgerlichen und zutiefst philosophischen Entwurf einer sinnhaft geordneten Welt. Der Begriff Ordnung gehört der Metaphysik: Mit ihrem Ursprung gewinnt er seine Form, er nimmt teil an ihrem Gestaltwandel und wird von ihrem Niedergang und Zerfall mitbetroffen[164]. Aber Ignaz Blasius Bruder war wie die Mehrzahl der in die Freiheit Vernarrten, der bürgerlichen Revolutionäre seiner Zeit, noch ordnungsgläubig. Möge diese Figurenorgel der Orgelstadt Waldkirch und damit den Orgelfreunden in aller Welt mit ihrer zeitgebundenen Botschaft aus der ersten Hälfte des 19. Jahrhunderts erhalten bleiben!

Die bürgerliche Rehabilitation der Drehorgel oder von Organetten

Jean Paul (Richter) (1763-1815) schreibt im "Leben des Quintus Fixlein" (1796): "Da fing die Äolsharfe der Schöpfung an zu zittern und zu klagen, ... und meine unsterbliche Seele war eine Saite auf dieser Laute." Aeolus war der Gott der Winde. Die Äolsharfe, ein Autophon, seit dem Altertum bekannt, hat im 18.

Jahrhundert als "geheimnisvolle Stimme der Natur" in England (Alexander Pope) ihre Wiederentdeckung erlebt. Unter den ersten bekannten Herstellern von Äolsharfen sind die im Zusammenhang der Salon-Orgel genannten Longman und Broderip in Cheapside. Dann entdeckte sie die deutsche Romantik. Eduard Mörike (1804-1875) beschreibt sie in einer künstlichen Ruine im Schloßpark zu Ludwigsburg:

An eine Aeolsharfe.

>Tu semper urges febilibus modis
>Mysten ademtum: nec tibi vespera
>Surgente decedunt amores,
>Nec rapidum fugiente Solem.
>
>(Horaz)

>Angelehnt an die Efeuwand
>Dieser alten Terrasse,
>Du, eine luftgeborene Muse,
>Geheimnisvolles Saitenspiel,
>Fang an,
>Fange wieder an
>Deine melodische Klage!
>Ihr kommet, Winde, fern herüber.
>Ach! Von des Knaben,
>Der mir so lieb war,
>Frisch grünendem Hügel.
>Und Frühlingsblüten unterweges streifend,
>Unersättigt mit Wohlgerüchen.
>Wie süß bedrängt ihr dieses Herz!
>Und säuselt her in die Saiten,
>Angezogen von wohllautender Wehmut,
>Wachsend im Zug meiner Sehnsucht,
>Und hinsterbend wieder.
>
>Aber auf einmal,
>Wie der Wind heftiger herstößt,
>Ein holder Schrei der Harfe
>Wiederholt, mit zu süßem Erschrecken,
>Meiner Seele plötzliche Regung:
>Und hier - die volle Rose streut, geschüttelt,
>All ihre Blätter vor meine Füße.

Robert Schumann (1810-1856) erzählt von ihr auf der Burg Klopp bei Bingen. E.T.A. Hoffmann erwähnt sie in "Klein Zaches" für den Garten des Doktor Prosper Alpanus. Justinus Kerner (1786-1862) ließ sie in den Schießscharten der Burgruine Weibertreu anbringen. Dort findet man die Verse eingemeißelt:

> Wehmutsvoll aus Mauern
> klingt mir der Äolsharfe Laut,
> als hätt Natur zum Trauern
> sich ein Asyl hier aufgebaut.

Organette Lucia, 12 Tonstufen, Phoenix Musikwerke (Schmidt & Co.), Leipzig um 1900.
Foto: Roland U. Neumann

Ihren unverfügbaren Klang versuchten Instrumentenbauer mit der Äoline, dem Äolsklavier, dem Äolopantalon, dem Äolodikon, dem Äolomelodikon, der Hand-Äoline, einer Handharmonika, die Christian Friedrich Buschmann in Berlin 1822 entwickelte, nachzuahmen. Mit der durchschlagenden Zunge überlebte dieses Bestreben im Harmonium, dem Bandoneon, dem Akkordeon, der Mundharmonika und der Organette, der Zungendrehorgel. Konnte Balthasar in E.T.A. Hoffmanns "Klein Zaches" noch feststellen: "eine Drehorgel tönt nicht wie eine Harmonika"[165], verband sich nachmals auch der Klang durchschlagender Zungen mit unserem Instrument. Die ersten Exemplare dieses Drehorgeltyps, gebaut von Franz Paetzold, bot der Spielwaren- und Instrumentenhändler Wilhelm Spaethe (1823-1878) aus Gera um 1870 auf der Leipziger Messe an. Bald stie-

Organette Ariston, 24 Tonstufen, Paul Ehrlich, Leipzig um 1890.
Foto: Roland U. Neumann

gen andere Firmen wie die Leipziger Musikwerke, vorm. Paul Ehrlich, in Leipzig[166] oder Ch.F. Pietschmann in Berlin[167], die Fa. Phoenix, Schmidt & Co.[168] und 1890 die Fa. Euphonika[169], je in Leipzig, in dieses Geschäft ein. Die Fa. J.M. Grob & Co, Leipzig, die Vorgängerin der Fa. Ludwig Hupfeld, erhielt 1886 das Alleinverkaufsrecht für die Produkte der Leipziger Musikwerke.
Zungendrehorgeln begegnen als Straßeninstrument (Meloton) wie als Instrument des bürgerlichen Wohnzimmers oder Salons gegen Ende des 19. Jahrhunderts. Hier wird es allerdings nicht mehr nach dem Lumpeninstrument Drehorgel genannt. Unter Namen wie Melodion, Lucia, Diana, Intona, Ariosa und Phoenix, Manopan, Mignon, Clarophon, Flutina, Amorette, Kalophon, Kalliston, Organetto, Celestina, Sonora, Herophon, der heute seltenen Amabile (Armin Liebmann, Gera) oder dem unstreitig weitest verbreitetem mechanischen Musikinstrument Ariston[170] wurde es dem Publikum mit verschiedenen Steuerungen von der Stiftwalze, über die Bleimatritze (Clarophon), die Platte, das Lochband oder Leporello angeboten. Den Erfolg des Ariston dankte die Firma Paul Ehrlich Otto Zabekow aus Berlin, der als erster eine gelochte Kartonscheibe als Programmträger nutzte, aber diese Idee an Ehrlich verkaufte, der sie unter seinem Namen patentieren ließ.

Organette Manopan No. 4, 39 Tonstufen, Euphonika Musikwerke, Leipzig um 1890.
Foto: Roland U. Neumann

Organetten (v.r.n.l. untere Reihe:) Lucia, 12 Tonstufen, Diana, 14 Tonstufen, Intona, 16 Tonstufen, (v.r.n.l. obere Reihe:) Ariosa, 18 Tonstufen, Phoenix, 24 Tonstufen, Phoenix Musikwerke (Schmidt & Co.), Leipzig um 1900.
Foto: Roland U. Neumann

Die Welt von Jäger & Brommer

Klassisches Handwerk und moderne Technik, Tradition und Innovation – das ist die Rezeptur, mit der Instrumentenbauer zu jeder Zeit erfolgreich waren; sie macht den Unterschied zwischen einer Geige und einer Stradivari, einer Gitarre und einer Maccaferri, einem Klavier und einem Steinway-Flügel aus. Oder eben zwischen einer Drehorgel und einer *Jäger & Brommer.*

Neben dem Neubau liegt ein weiterer Schwerpunkt des größten Waldkircher Orgelbauers bei der Restaurierung historischer Instrumente. Und selbstverständlich kommt auch der Service nicht zu kurz: Pflege und Stimmung gehören ebenso zu unserem Repertoire wie die Erstellung von Expertisen.

Die Orgelbaumeister und Restauratoren Heinz Jäger und Wolfgang Brommer sind beide leidenschaftliche Musiker, die in vielen Stilrichtungen zu Hause sind – das hört man einer *Jäger & Brommer* bereits beim ersten Ton an. Gemeinsam mit ihrem Team aus hochqualifizierten Orgelbauern entwickeln sie Instrumente, die schon heute auf dem besten Wege sind, Klassiker zu werden.

Die größte fahrbare Konzertorgel der Welt wurde 1999 durch Jäger & Brommer restauriert.
Als zertifizierte Restauratoren sind Jäger & Brommer international mit wertvollen Restaurationen beschäftigt.

Neubau · Restaurierung ·

Heinz Jäger und Wolfgang Brommer: „Unsere Basis ist die über 200-jährige Orgelbautradition in Waldkirch. Aber auch neue Entwicklungen in Technik und Design sind bei Jäger & Brommer zu Hause."

JÄGER UND BROMMER

Heinz Jäger & Wolfgang Brommer
Orgelbaumeister und Restauratoren
im Orgelbauerhandwerk
Am Gewerbekanal 5 · D-79183 Waldkirch
Telefon +49 (0) 76 81/39 27 · Telefax 93 70
eMail jaegerbrommer@t-online.de
www.jaegerbrommer.de

ge · Stimmung · Expertisen

Serinette, 10 Claves, Husson-Jacotel, Mirecourt um 1770.
Foto: Roland U. Neumann

Vogel einer tabatiere a oiseau chanteur, Charles Reuge, St. Croix.
Foto: Roland U. Neumann

Vogelstimmen und Vogelsang
Über Serinetten und Vogelautomaten

Seit dem 16. Jahrhundert begegnen in der Kirchenorgel, die seit dem 7. Jahrhundert als vormals verpöntes heidnisches Instrument auch ihren Platz in christlichen Gotteshäusern gefunden und von da an ihren instrumentalen Siegeszug begonnen hat, auch Register wie "Vogelsang", "Nachtigallenzug" oder "Rossignol" und das "Kuckucksregister". Ein früher Typ der Drehorgel war die Serinette, die Vogelorgel, gebaut vor allem in Mirécourt in den Vogesen, aber gleichsam im Nachbau auch im benachbarten Schwarzwald. Sie ist im "Curiösen Reit-Jagd-Fecht-Tantz- oder Ritter-Exerzitien im Lexikon für jungen Herren von Adel" vom Jahre 1742 unter dem Begriff "Canarienvogelorgel" aufgeführt. Als solche diente sie in der galanten Zeit, im 18. Jahrhundert, dazu, Vögel, den serin, genauer, den serin de canarie, den Kanarienvogel, nach Geschmack der Zeit zu bilden und singen zu lassen. Der natürliche Vogelsang galt als roh und ungebildet. So wie man in den Schloßgärten die Kronen der Bäume zu Kugeln und Kegeln zurechtstutzte, so wollte man auch dem Vogelsang geschmackvolle Ordnung geben[171]. Man dehnte das nach und nach auf diverse Vogelarten aus. Eine Melodie für den Dompfaff findet sich übrigens in G.F. Händels Oper "Rinaldo". Auch kann an W.A. Mozarts "Kanarienvogel" erinnert werden. Die größere Art zur Anleitung für die Amsel hieß Merline. Die Tierchen wurden dazu geblendet und ihnen zunächst mit einem Flötchen, dem flageolett, da das aber sehr mühsam war, dann mit Hilfe einer kleinen Walzenorgel die neuesten Favoritstücke oder Schlager, geistliche wie weltliche Lieder, beigebracht. Empfiehlt C.Ph.E. Bach (1744-1788) den Clavichordspielern auch: "Aus der Seele muß man spielen und nicht wie ein abgerichteter Vogel", führte nicht zuletzt die Grausamkeit dieses Verfahrens in empfindsamerer Zeit dazu, daß die Serinette zum Kinderspielzeug, aber auch zur handlichen Kleinstdrehorgel von Wander- und Straßenmusikanten wurde. Zu diesem Zweck wurde das Instrument, im Ursprung geht es seiner Bestimmung gemäß kaum über eine Oktave hinaus, dann zur Pionne

Singvogel-Automat,
Karl Griesbaum, Triberg um 1950.
Foto: Roland U. Neumann

[95] abgedruckt bei: Helmut Zeraschi, Die Drehorgel in der Kirche, Zürich o.J. (1973), S. 24-28. Hier werden im übrigen die Orgeln der oben erwähnten Henriette Friedrike Kummer empfohlen: "Darum bliebe lebhaft zu wünschen, dass recht viele, zuletzt alle Dorfkirchen Orgeln erwähnter Art sich anschaffen möchten. Zuerst hat sie, in Verbindung mit seiner Tochter, der 1814 verstorbene Musikus und Walzensetzer Adolph Kummer in Berlin angefertigt. Seine geschickte, man darf sagen genievolle Tochter setzt die Geschäfte des Vaters fort, und hat sich um ein Patent zur Alleinverfertigung bemüht. Bei ihr, zu Berlin in der Alten Jakobstraße No. 34, sind die neu erfundenen Orgeln zu besichtigen, oder zu bestellen. Viele Geistliche und Tonkünstler haben sich von ihrer Güte überzeugt und ihren Werth anzuerkennen gelernt. Sie sind zu einem Preis von 180 bis 200 und 300 Thalern zu haben. Dass sie die Künstlerin nicht unter dem erstgenannten Preis darzustellen vermag, wird man begreifen, wenn man die weitläufige Konstruktion in Augenschein nimmt."

[96] Firmengründung 1802

[97] Ignaz Blasius Bruder (1780-1845), seit 1834 in Waldkirch, Gebrüder Bruder 1864-1937, Wilhelm Bruder Söhne 1868-1938, Ignaz Bruder Söhne 1867-1918.

[98] Andreas Ruth (1813-1888) gründete 1842 seine Firma, die mit dem Tode seines Enkels Adolf Ruth jun. (1878-1938) erlosch.

[99] Carl Frei sen. (1884-1967) lernte bei Wilhelm Bruder Söhne, arbeitete bei Gavioli in Paris und Mortier in Antwerpen, machte sich dort 1910 selbständig, baute seit 1920 in Breda Karussellorgeln und begründete nach dem 2. Weltkrieg in Waldkirch einen Betrieb, der von seinem Sohn, Carl Frei jun. (1912-1997), bis zu dessen Tod fortgeführt wurde.

[100] Giacomo Gavioli stellte seit 1828 in Modena Spieluhren her. Mit seinem Sohn Ludiovico (1807-1875) baute er seit 1844 in Paris Instrumente. Dessen Sohn Anselmo übernahm 1863 die Firma, die 1908 erlosch. Seit 1896 unterhielt das Unternehmen eine Dependance in Waldkirch, die dann bis zu seinem Ende, 1917, von Limonaire Frères übernommen wurde.

[101] Daß der Drehorgelbau in Waldkirch lebt, haben die Firmen Jäger & Brommer, Paul Fleck Söhne, Rainer Pitt und Wolfram Stützle 1999 zum 200jährigen Jubiläum des Orgelbaus in Waldkirch mit der Präsentation einer in Gemeinschaftsarbeit nach Entwürfen des Künstlers Ottmar Alt gebauten Jahrmarktorgel unter Beweis gestellt.

[102] Chiaro Frati lebte seit 1877 in Berlin, Buchholzer Straße 1. Seit 1882 hatte die Firma "Frati & Co." ihre Adresse in der Schönhauser Allee 73.

[103] Giovanni Batista Bacigalupo (1847-1914) kam 1873 nach Berlin. 1879 nahm ihn Chiaro Frati, sein Lehrmeister, als Compagnon in sein Unternehmen. 1890 ging Frati nach Italien zurück. G.B. Bacigalupo schied als Teilhaber aus. Julius Jakobi führte das Unternehmen unter dem Firmennamen Frati bis 1923 weiter. Es wurde dann eine Zweigstelle der Frankfurter Musikwerke J.B. Philipps und Söhne. Die Orgelfabrik Cocchi, Bacigalupo & Graffigna (in der Schönhauser Allee 74 betrieb der Gastwirt Graffigna einen Drehorgelverleih) bestand von 1891-1903 in der Schönhauser Allee 78. 1904 befand sie sich in Moabit in der Levetzowstr. 23. Die Fa. Bacigalupo & Co. war 1905 in der Schönhauser Allee 78, die Fa. G(iuseppe) Bacigalupo von 1906-1908 in der Schönhauser Allee 78, von 1909-1921 in der Schönhauser Allee 79. Giovanni Bacigalupo (1896-1934) führte nach dem Tod des Vaters Giuseppe (1921) die Fa. in der Schönhauser Alle 79 fort. Unter gleicher Adresse bestand die Fa. L(uigi) Bacigalupo von 1936-1967. Die Fa. Bacigalupo Söhne (Giovanni Bacigalupo und Lino Gattorna) bestand seit 1908, zunächst in der Waldstraße 43 in Moabit, dann, 1910, in der Schönhauser Allee 74, dann seit, 1913, 74a, nannte sich später G.Bacigalupo und bestand bis zum Tod von "Hännes" Bacigalupo bis 1975 in der Schönhauser Allee 74a.

[104] Sie gab es seit ca. 1850 bis in die 60er Jahre des 20. Jahrhunderts und umfaßte die Straßenzüge Pappelallee, Buchholzer Straße, Schönhauser Allee und Kastanienallee.

[105] Adolf Holl (1863-1921) trat 1883 bei Frati & Co. als Lehrling ein, machte sich 1888 in der Straußberger Str. 15 selbständig und wechselte 1895 in die Blumenstr. 35b. Von 1902 bis 1905 - während einer Erkrankung - führten Ferdinand Hübner und Wilhelm Gröseling (1880-1921) die Werkstatt unter gleicher Adresse, aber zeitweise unter dem Namen Hübner & Gröseling fort. 1905 eröffnete Holl seine Werkstatt in der Langenbeckstr. 13 am Friedrichshain. Seinen Sohn Willi (1893-1963) schickte er zu Fritz Wrede in die Lehre. Auch seine Gesellenzeit verbrachte der dann bei Wrede in Hannover. 1925 ließ er sich am Petersburger Platz 2 in Berlin nieder, zog dann in die Fruchtstr. 36 am Schlesischen Bahnhof um. Nach dem 2. Weltkrieg verlegte W. Holl seine Werkstatt von Berlin nach Bremen.

[106] Kastanienallee 34

[107] 1875, Frankfurter Allee 56

[108] Schreinerstraße 3 und Liebigstraße 9

[109] Landsberger Allee 18

[110] Max Alfred Geweke führt nach seinem Großvater Albert Geweke, der im übrigen bei Wrede in Hannover gearbeitet hat und im Jahre 1900 nach Bielefeld kam, und seinem Vater Max Geweke (gest. 1953) in dritter Generation den Drehorgelbau in Bielefeld fort. Er trägt als Orgelbauer, Restaurator und vor allem als Arrangeur von Stiftwalzen einen herausragenden Namen.

[111] 1903 erwarb John Cocchi (1858-1942), der Sohn von Giuseppe Cocchi (1831-1918), die Werkstatt, die er allerdings schon 1910 wieder aufgab. Er wechselte durch Teicherts Vermittlung zur Firma Hupfeld in Leipzig, bei der Teichert tätig war, um dann in Berlin bei Frati & Co. zu arbeiten.

[112] Wilhelm Hesselmann (1886-1960) hat seine Werkstatt 1919 gegründet, die mit dem Tode seines Sohnes Adolf Hesselmann (1922-1983) geschlossen wurde.

[113] Der Wagner Johann Friedrich Richter (1805-1890) soll in Gersfeld/Rhön auch Kirchenorgeln repariert und Singorgeln gebaut haben. Sein Sohn, Eduard Richter (1844-1893), der nach Angabe von Karl Bormann (a.a.O., S. 228) bei Wilhelm Bruder in Waldkirch gelernt haben soll, gründete 1868 in Düsseldorf in der Cölner Chaussee 28 die Orgelbaufirma Eduard Richter. 1870 verzog er in die Klosterstraße 75h, 1874 in die Cölnerstraße 26, 1877 in die Schloßstraße 65/67. 1896 führten - nach dem Tode Eduard Richters hatte seine zweite Frau Catharina Richter, geb. Neumann die Firma geleitet - seine Söhne Felix (1870-1945) - er schied 1907 aus der Firma aus - , Eduard (1871-1944) und Emil (1884-1964) Richter unter dem Namen Gebrüder Richter sie unter gleicher Adresse fort, bis sie 1943 den Bomben zum Opfer fiel. In: "Der Komet", Nr. 606 vom 31. Oktober 1896, S. 21 findet sich die "Bekanntmachung: Hiermit geben wir den geehrten Reisenden, Fahr-, Schaugeschäft- und Tanzlokalbesitzern zur gefl. Kenntnisnahme, dass das seither von uns geführte Geschäft unter der Firma Ed. Richter von dem Heutigen an unter der Firma Gebrüder Richter weitergeführt wird. Für das uns seither geschenkte Vertrauen unseren verbindlichsten Dank sagend, halten wir uns auch fernerhin als eines der ältesten und als solid bekannten Geschäfte bestens empfohlen für Neubau von Concertorgeln mit feiner, exakter und durchgreifender Musik, sowie Front-Veränderungen in der Neuzeit entsprechender effektvoller Ausstattung, je nach Wunsch. Orgeln älterer Systeme werden zu Concertorgeln (Piano u. Forte) umgebaut, auch können Stücke auf Walzen geschlagen werden, ohne dass das Instrument dazu erforderlich ist. Reparaturen aller Art werden auf's Sorgfältigste ausgeführt. Hochachtungsvoll Gebrüder Richter, Orgelfabrik, Düsseldorf-Derendorf."

[114] Firmengründer war Friedrich Christian Voigt (1803-1868), der 1832 in Igstadt bei Wiesbaden eine Kirchenorgelbauwerkstatt errichtete, die 1868 durch seinen Sohn Karl Heinrich Voigt (1845-1906), 1900 durch seinen Enkel Heinrich Voigt (1876-1954) weitergeführt wurde. Er nahm 1903 den Drehorgelbau in Höchst auf. 1904 wurde Heinrich Wilhelm Voigt (-1992)

geboren. Er begann 1923 mit dem Bau von Kirmesorgeln. 1938 übernahm er die Hinterlassenschaft der Fa. Ruth & Sohn mit allen Rechten an den Modellen und Noten mit den Arrangements von Adolf Ruth und Rudolf Weisser.

[115] Letze ist von letzer = Musikant abgeleitet.

[116] Vgl. oben die Anmerkung zu Düsseldorf.

[117] im Schleiermacher-Haus

[118] Tradel 2

[119] Ludwigstr. 15

[120] Fritz Wrede wurde am 7. Juli 1868 als Sohn des Kronsberger Müllers in der Mühle zu Hannover-Kronsberg geboren. Bei seinem Onkel Georg Baier in Kleefeld, dessen Vater Johann Baier im übrigen aus Gersfeld / Rhön zugezogen war und dort neben Limpert als Orgelbauer genannt wird, erlernte Wrede gegen den Widerstand seines Vater die Grundkenntnisse des Handwerks. Im Alter von 16 Jahren erbaute er seine erste Drehorgel. 1886 gründete er seinen ersten Betrieb, der sich zunächst ausschließlich mit der Herstellung von Handdrehorgeln befaßte. Sie ähnelten den 20er Waldkircher Moritatenorgeln der verschiedenen Bruder-Orgelfabriken. Am 28. März 1945 kam Fritz Wrede beim 88. Bombenangriff auf Hannover in seinem Haus in der Scheide-Straße ums Leben. Im übrigen wurde die Scheide-Straße 1926 in Berckhusenstraße umbenannt. Wrede aber ignorierte dies und notierte als Fertigungsstätte seiner Orgeln weiterhin die alte Adresse.

[121] Wilhelm Wellershaus (1764-1821) baute in Remscheid Standuhren und Kirchenorgeln. Sein Sohn Friedrich Wilhelm (1796-1856) ließ sich 1832 in Saarn a. d. Ruhr als Kirchenorgel- und Tafelklavierbauer nieder. Dessen Sohn Julius (1828-1911) fertigte dort Handdrehorgeln. Seine Kinder, August Wellershaus (1861-1927) und Wilhelm Wellershaus (1867-1910) gründeten die Firma Gebrüder Wellershaus, die die Söhne August (1897-1965) und Emil (1900 - ca. 1975), auch nach der Zerstörung des Firmengebäude 1944, an der selben Stelle Düsseldorfer Str. 152 bis ca. 1960 weiterführten.

[122] Sylvester Hock stammte im übrigen aus Schonach im Schwarzwald.

[123] Ferdinand Molzer gründete seine Firma 1881.

[124] Franz Kolb (1843 -...) begann 1863 in Beckengrund mit dem Orgelbau. Seine Söhne Josef (1866-...), Franz (1868-...) und Johann (1870-...) führten die Firma fort, die bis 1945 bestand.

[125] Anton Haupt und August Riemer bauten Drehorgeln zunächst seit ca. 1810 unter dem Namen "Orgelbau Riemer i. Kratzau Böhmen". 1845 wurde die Fa. "Orgelbau Riemer & Söhne" gegründet. Haupt schied aus der Firma aus und führte seine eigene Firma "Orgelbau Anton Haupt" in Kratzau und Zittau. Ab ca. 1880 - nach Übernahme des Betriebes durch Anton Edmund Haupt - lautet der Firmenname "Ant.Ed. Haupt, Orgelfabrik i. Kratzau i. Böhmen". Sie bestand in Zittau bis 1914, in Kratzau bis 1918. Der Orgelbau "Gebr. Riemer", so der Firmenname seit 1896, bestand bis 1945, stellte aber nach dem 1. Weltkrieg, wenngleich auch in den 20er Jahren noch Selbstspielklaviere und Orchestrions gefertigt wurden, im wesentlichen auf Klavier- und Möbelbau um. Die 1888 gegründete Firma "Josef Riemer und Söhne" wurde 1905 von der Firma Molzer in Wien übernommen.

[126] Victor Henry Chiappa (1900-1993), Sohn von Giuseppe Chiappa, der zunächst bei Gavioli in Paris arbeitete und dann 1864 in London eine eigene Firma eröffnete und 1899 Chiapa Ltd. gründete.

[127] Die Firma wurde 1893 durch den Düsseldorfer Eugene de Kleist (1853-1913) gegründet. De Kleist hatte bei Limonaire Frères gelernt und zog 1892 in die USA. 1897 begann er eine Geschäftsbeziehung zu der Rudolf Wurlitzer Company in Cincinnati, Ohio. Rudolf Wurlitzer (1831-1914) stammte im übrigen aus Schoeneck im Vogtland und handelte zunächst mit mechanischen Musikwerken aus Sachsen und Thüringen. 1872 gründete er mit seinem Bruder Anton die Firma Wurlitzer & Bro., 1890 The Rudolf Wurlitzer Company. 1909 nahm er die

eigene Fabrikation auf. Nach einer Vereinbarung verkaufte de Kleist alles, was er produzierte, an Wurlitzer, der die Exklusivvertretung für Amerika hatte. 1909 erwarb Wurlitzer dann das de Kleist Unternehmen.

[128] Die Firma wurde 1906 von Mitarbeitern der Fa. de Kleist, wie John Birnie, gegründet.

[129] Gegründet ca. 1905.

[130] Es könnten freilich weitere bedeutende Arrangeure genannt werden, etwa Rudolf Weisser aus Waldkirch, der für die großen Ruth-Orgeln Musterbeispiele der Arrangierkunst geliefert hat.

[131] Vgl. Peter G. Schuhknecht, Fritz Wrede und der Drehorgelbau in Hannover, Hannover o.J., S. 45.

[132] Um den tieferen Sinn, der Drehorgeln auch eigen sein kann, an einem Beispiel vorzustellen, ist hier ein Vortrag wiedergegeben, den ich anläßlich der Präsentation der Ignaz Blasius Bruder-Figurenorgel, 1838 (Datum im Instrument vermerkt), von Joseph Reich, Waldkirch, am 29. November 1997 in Waldkirch gehalten habe. Josef Reich hat die Orgel 1997 in London erworben. Der Vortrag ist auch im Auszug abgedruckt in: Das mechanische Musikinstrument, Nr.71, April 1998, S. 62-64, in anderem Auszug in: Waldkircher Heimatbrief, hg. vom Heimat- und Verkehrsverein Waldkirch und Umgebung, Nr. 167, Mai 1998, S. 1-3. Auf die Restaurierung der Orgel durch Herrn Martin Conrads, Utrecht, die 1999 abgeschlossen wurde, wird an dieser Stelle nur hinweisend Bezug genommen.

[133] geb. am 31.Januar 1780 in Zell am Harmersbach, seit 1804 in Simonswald als Spieluhrenmacher, 1816 Haus in Altsimonswald, 1834 Übersiedlung nach Waldkirch, Haus jetzt Kandelstr. 10, 1843 Anwesen in der Kirchstraße, gestorben am 13. März 1845 in Waldkirch, sein Grab auf dem alten Friedhof.

[134] wegen eines nachträglich eingefügten falsch bemessenen Zahnrads. Vorgesehen ist auf der Walze die Entsprechung von Musik und Figurenbewegung. Dies ist im Zuge der Restaurierung entsprechend wiederhergestellt worden.

[135] Vgl. dagegen Max Wetzel, Waldkirch im Elztal, Waldkirch 1923, S. 615, der den Drehorgelbau I.Bl. Bruders auf 1806 datiert; so auch H. Rambach in: Rambach/Wernet, a.a.O., S. 22.

[136] bei Rambach, in Rambach/Wernet, a.a.O., S. 163 Anm. 147: "eine Spieluhr mit Figuren von Ignaz Bruder befindet sich in der Privatsammlung von E.I. Amrein, Basel, abgebildet bei G. Bender, Die Uhrmacher des hohen Schwarzwaldes und ihre Werke, Villingen 1975, Bd. 1, S. 466 u. Tafel 33."

[137] Abbildung bei W. Metzger/J. Kreis, Drehorgeln - schaurig-schön, Karlsruhe 1994, S. 47, S. 112, 113; vgl. die Flötenuhr von I.Bl. Bruder um 1820 mit vier Musikanten in: W. Heck/W. Metzger, Und ewig ticken die Wälder, Karlsruhe 1995, S. 148, bei H. Jüttemann, Schwarzwälder Flötenuhren, Waldkirch 1991, S. 91.

[138] Abbildung bei H. Jüttemann, Schwarzwälder Flötenuhren, a.a.O., S. 109, 111.

[139] 23 Tonstufen, A-Stimmung, vgl. Jüttemann, Waldkircher Dreh- und Jahrmarktorgeln, Waldkirch 1993, S. 185, vgl. die Abbildung in: Badisches Landesmuseum Karlsruhe, Musikautomaten. Ein Führer durch das Museum Mechanischer Musikinstrumente "Sammlung Jan Brauers" im Schloß Bruchsal, Karlsruhe 1995, S. 33.

[140] 23 Tonstufen. Die Seewener Orgel vom 21. Juli 1841 hat im Zentrum den Knödelfresser. Vgl. H. Weiss-Stauffacher u. R. Bruhnin, Musikautomaten und mechanische Musikinstrumente, Zürich 1975, S. 153f. Die Ignaz Bruder Orgel aus dem Jahr 1840 mit Zauberer und Glockenschläger befindet sich im Utrechter Museum van Speelklok tot Pierement. Vgl. J.J. Haspels, Musical Automata, Catalogue oft automatic musical instruments in the National Museum "From Musical Clock to Street Organ", Utrecht 1994, S. 193, Abbildung S. 207.

[141] Abbildung bei: H. Zeraschi, Drehorgeln, Zürich 1979, S. 89 und in Metzger/Kreis, a.a.O., S. 114, 115, 1978 restauriert von Lothar Wonneberger, Dresden.

[142] Nach einer Mitteilung von Roland Renner, Hugstetten, soll sich in Schweden eine weitere Figurenorgel befinden.
[143] Handbuch der Baukunst von Orgeln und volltönenden Spielwerken mit Flöten- und Zungenstimmen für Hand- und Walzenspiel einschließlich der einschlägigen Uhrmacherarbeiten, Ms., 3. Fassung 1.11. 1829, in Auswahl bei Karl Bormann, Orgel- und Spieluhrenbau, Zürich 1968, zitiert auch bei Herbert Jüttemann, Waldkircher Dreh- und Jahrmarkt-Orgeln, Waldkirch 1993.
[144] zitiert nach Hermann Rambach u. Otto Wernet, Waldkircher Orgelbauer, Waldkirch 1984, S. 20.
[145] So z.B. W. Metzger/J. Kreis, Drehorgeln schaurig-schön, Karlsruhe 1994, S. 46.
[146] die Räderuhr, um 1300 entstanden.
[147] Vgl. Cicero: *compositio rerum aptis et accomodatis locis* (de officiis I 40).
[148] Im lateinischen Begriff *ordo* etwa und seinen Ableitungen wird dieses aktive Moment deutlich: *ordre* erhält die Bedeutung Befehl.
[149] Prolegomena zu einer jeden künftigen Metaphysik, die als Wissenschaft wird auftreten können. Riga 1783, § 38, in: I. Kant, Schriften zur Metaphysik und Logik, in: I. Kant, Werke in zehn Bänden, hg. v. Wilhelm Weischedel, Bd. 5, Darmstadt 1968, S. 109-264, S. 189-191.
[150] Zitat von B. Krafft, Traumwelt der Puppen, München 1991, S. 122.
[151] Vgl. Lamettrie (1709-1751): L'homme machine, Leiden 1748 - erklärt die psychischen Funktionen aus der Organisation des Körpers. Der Mensch wird nach Analogie einer Maschine gesehen. Damit ist ein interessanter Aspekt zur Interpretation der Androiden des 18. Jahrhunderts angedeutet.
[152] wie der Flöte spielende und Trommel schlagende Hirte und die Ente verschollen.
[153] Musée d'Art et d'Histoire, Neuchatel
[154] dagegen B. Krafft, a.a.O., S. 122.
[155] Dies wirft Licht auf den Bericht, daß Pierre Jaquet-Droz am Hofe des spanischen Königs Ferdinand VI. seine Automaten vorgeführt und der Großinquisitor deren Schöpfer einzukerkern gedacht habe. Vgl. Alfred Chapuis et Edmond Droz, Les Automates des Jaquet-Droz, Neuchatel 1951.
[156] Die Herkunft der Figuren der Bruchsaler Flötenuhr und der Bruder Figurenorgel sind m.W. nicht bekannt.
[157] Vgl. dazu auch die Napoleon-Szenen auf dem mechanischen Hackbrett von Andreas Ruth, 1844 (im Besitz von Fredy Künzle) und dazu Gallus Oberholzer: Napoleon auf dem mechanischen Hackbrett von Andreas Ruth, 1844. In: SFMM-Informationen Nr. 23, Liechtensteig 1987, S. 2-4.
[158] Zur Musik auf Flötenuhrwalzen cf. H. Jüttemann, Schwarzwälder Flötenuhren, a.a.O., S. 130ff. Martin Conrads hat 6 Stücke der Walze konservieren und spielbar machen können. Es handelt sich um Musik im vermuteten Sinn.
[159] Auf nähere musikästhetische Betrachtungen kann hier verzichtet werden. Solche würden auf ästhetische Harmonie, Ordnung zwischen den Dingen, Ordnung zwischen Menschen und der Zeit, Freiheit in dynamischer Ordnung abheben. Zumindest sei auf Matthias Naeschke, Flötenuhrmusik - ein Stück verwirklichter Harmonie, in: Das mechanische Musikinstrument, Nr. 60, Mai 1994, S. 31-35, verwiesen. Da heißt es u.a.: "Meines Erachtens wurden die frühesten Flöten- und Orgeluhren nicht unbedingt als Ersatz für einen Musiker gebaut. Sie waren vielmehr die Übermittler einer sonst nicht möglichen, musikalisch perfekten, reinen, harmonischen Welt." (a.a.O., S. 32)
[160] M. Naeschke schreibt, a.a.O., S. 34, im Blick auf Flötenuhren, bezieht dies aber auch auf die Drehorgel: "Übrigens nochmals für die Theoretiker, die die Aufzeichnungen von Ignaz Bruder kennen: Ich konnte an drei Instrumenten feststellen, daß auch er harmonisch rein gestimmt hat".

und Peroquette verbessert, nämlich mit größerem Tonumfang und Registern ausgestattet. Um die Mitte des 19. Jahrhunderts hat die Vogelorgel als Instrument ihr Dasein beschlossen; sie entsprach nicht mehr der Erwartung an Vogelsang wie den Erfordernissen der Straße.

Musikgeschichtlich dürfte von Interesse sein, daß mit der Vogelorgel gleichsam der Gedanke "prosaischer Musik" begegnet, vergleichsweise lange bevor der Begriff geprägt wurde. Er bezeichnet musikalische Prosa, d.h. in negativer Bedeutung Formlosigkeit, Zusammenhanglosigkeit, Melodiearmut. Seitdem Richard Wagner (1813-1883) im "Ring des Nibelungen" Vogelstimmen nachgeahmt hatte, galt solche Prosa als Möglichkeit moderner Musik. Leos Janacek (1854-1928) erhob sie, indem er sich kompositorisch der "Sprache der Natur" wie des Menschen anschmiegte, geradezu zum Programm, ein Anliegen, für das auch der Name des "ornithologischen" Komponisten Olivier Messiaen (1908-1992) steht. Bekannt sein dürfte das Märchen "Die Nachtigall" von Hans Christian Andersen. Mechanische Singvögel soll es schon 500 v. Christus in China gegeben haben. Von einem Vogelautomaten ist zu Anfang des 12. Jahrhunderts in der nordischen Tristansage die Rede. Das "Wolfdietrich-Lied" des "Heldenbuches" beschreibt um die Mitte des Jahrhunderts einen goldene Linde, auf der goldene Vögel saßen: "Zween und sibenzig este nam er an der linden war, dy vogel dy darauf sassen dy waren guldin gar, sy waren gemacht mit listen und waren innen hol: wenn sy der wint durchwaete, ir stimme sungen wol." Singende Vögel wurden seit dem 18. Jahrh. in Schnupftabakdosen oder Käfige eingebaut. Ab etwa 1770 wurden in Neuenburg und Genf Käfige mit beweglichen Vögeln und kleinen Orgelwerken hergestellt. Im Gotha-Almanach auf das Jahr 1789 steht zu

---

[161] Auch unter dem Aspekt des Spiels - als einer Protestform gegen Entfremdung, des Regelspiels als Spielform einer Spielgemeinschaft, des Spielcharakters der Kunst - ließe sich die hier dargelegte These weiter entfalten.

[162] wie der Revolte. 1848 war das Jahr der Revolution, auch in Baden.

[163] Von seinem erlernten Beruf her könnten sich vom Gedanken der Architektur, dem Spiel architektonischer Formen, weitere Aufschlüsse ergeben.

[164] Vgl. Helmut Kuhn, Ordnung, in: H. Krings, H.M. Baumgartner, Chr. Wild (Hg.), Handbuch philosophischer Grundbegriffe, Bd. 4, München 1973, S. 1937 - 1050, S. 1045.

[165] 5. Kapitel

[166] 1867 richtete Ehrlich in Gohlis bei Leipzig seine Werkstatt ein. 1889 wurde daraus die Aktiengesellschaft Leipziger Musikwerke, vorm. Paul Ehrlich & Co.

[167] seit 1885 mit dem Herophon, 1887 mit dem Manopan, das seit 1893 auch mit Glocken und Schlagwerk angeboten wurde.

[168] Lucia, Diana, Intona, Ariosa, Phoenix und Organa

[169] Amorette

[170] 1882 erhielt die Firma das Patent 21715 für die Ariston-Organette.

[171] Im übrigen leitet sich das französische Wort seriner, einem Schüler eine Regel einpauken, von da her.

Die Fabrik Leipziger Musikwerke, vorm. Paul Ehrlich & Co., zu Leipzig-Gohlis.

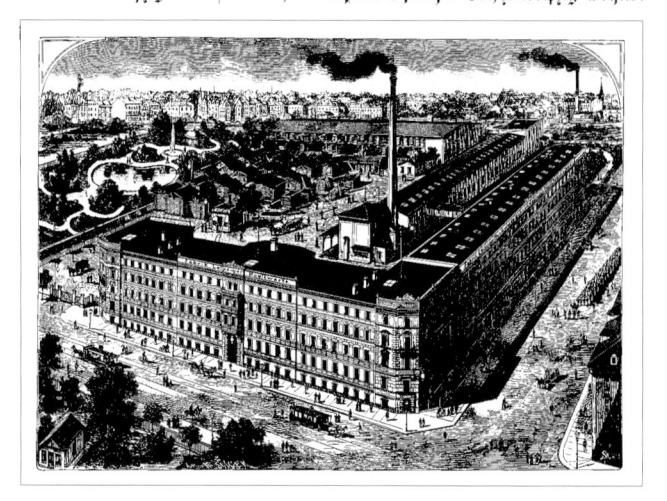

Maschinenraum der Schlosserei.

Uhrmacherei.

Den Bezug zu diesen Bildern finden Sie auf Seite 76.

lesen: "Ich sah in einem Atelier (bei Pierre Jaquet Droz) Käfige mit künstlichen Kanarienvögeln, welche im Käfig hüpften und verschiedne Melodien pfiffen. Mit allen natürlichen Bewegungen von Schnabel, Hals und Körper." Hersteller waren Jaquet-Droz, Breguier und Rochat in der Schweiz. Für Folgezeiten sind etwa Namen wie Bontemps oder Griesbaum zu nennen. Eine volkstümliche Variante des Vogelgesangs sind die beliebten Schwarzwälder Kuckucksuhren. Franz Anton Ketterer aus Schönwald ist wahrscheinlich um 1730 der Gedanke zuzuschreiben, den Ruf dieses Vogels mit zwei gedeckten Orgelpfeifen nachzuahmen. Auf den Gosten-Michele aus Neukirch und den Jägerstieger aus Waldau gehen der bis auf diesen Tag nicht allein Kinder erfreuende bewegliche Vogel und das Öffnen und Schließen des Türchens zurück.

Die Drehorgel und die Kinder

"Klaus und Max waren seit langem Freunde. Sie kannten das Leben auf den Straßen wie alle Kinder armer Leute, aber am wohlsten fühlten sie sich immer noch auf ihrem Hof, zu dem die Musik des Leierkastenmannes ebenso gehörte wie das Viereck Himmel zwischen den Dachkanten."[172] Gehörte der Leierkasten in diese Welt, so zumindest das gängige Klischee, dokumentieren Spielzeugorgeln mit Harmonium-Fliehkraft-Mechanismus nach Art des Drehkreisels in Kinderzimmern an der Wende zum 20. Jahrhundert die Akzeptanz des Leierkastens auch in bessergestellten Kreisen. Es scheint seit langem eine gewisse Harmonie zwischen dem Leierkasten und Kindern gegeben zu haben. In Bilderbüchern begegnet seit dem Ende des 18. Jahrhunderts der Leierkastenmann.[173] In einem Kinderbuch aus der ersten Hälfte des 19. Jahrhunderts wird nach der kolorierten Abbildung einer Figurenorgel oder eines mechanischen Hackbretts mit Figuren die "pädagogische" Geschichte "Der kleine Savoyarde" erzählt:
"Die Kinder spielten eben im Garten, da ließ sich auf dem Flur eine etwas seltsam klingende Musik vernehmen; diese trieb sie nach dem Orte hin, von woher sie erschallte. Sie sahen jetzt auf dem Flur einen kleinen Knaben von etwa zehn Jahren stehen, der an einem Bande, das er sich über den Nacken gehängt hatte, einen ziemlich großen Kasten trug, in dessen Vertiefung ... eine Menge allerliebster bunter Püppchen tanzten, und zwar nach dem Tone einer Art von Klavier, das an der Seite einen Handgriff hatte, den der Knabe unaufhörlich drehte. Nach dieser Melodie bewegten sich die Püppchen, Offiziere, Damen und Soldaten, Marketenderinnen, Bauernmädchen, Landleute und Hirten im Takte, und es sah wirklich allerliebst aus. Der Knabe aber sprach kein Wort, schien überaus ernsthaft zu sein und sah die Kinder nur von Zeit zu Zeit mit seinen großen schwar-

Drehorgelspieler, Abbildung auf dem Boden einer Walzenspieldose,
unbezeichnet, ca. 1880, Göschenhaus Grimma.
Foto: Steffen Pilz

zen Augen bittend an, als wolle er sagen: "Gebt mir doch eine Kleinigkeit für das Vergnügen, das ich Euch mache!" Sie verstanden diesen Blick sehr wohl, liefen zum Vater - denn sie selbst besaßen noch kein Geld - und erhielten auf ihre Bitte ein Stück Silbergeld von ihm, das sie dem Knaben in die Hand drückten, der durch Kopfnicken freundlich dankte. - "Ich glaube, der arme Junge ist stumm!" sagte Moritz mit mitleidigem Tone; "sonst würde er ja wohl sprechen und sich bedanken." "He, Knabe," wandte er sich an diesen, "bist Du stumm?" - "Niks verstah!" sage der Knabe und schüttelte den Kopf. - "Aha! er ist ein Fremdling, vielleicht ein Franzose," meinte Sophie; "schade, daß wir noch kein Französisch können, sonst würden wir mit ihm sprechen und ihn fragen, wie er so weit hergekommen sei." Zum Glück kam die Mutter, die mehrere fremde Sprachen verstand; sie glaubte, daß der Knabe ein Savoyarde sei und redete ihn auf Italienisch an. So wie der arme Kleine seine Muttersprache hörte, wurde er ganz vergnügt und antwortete ihr auf ihre Fragen. Er war wirklich aus dem Land Savoyen, das zu Italien gehört, und mußte nicht nur sich selbst in einem so zarten Alter in einem fremden Lande ernähren, dessen Sprache er nicht einmal verstand, sondern er wollte auch noch einen Sparpfennig für seine armen Eltern zurücklegen, zu denen er gegen den Winter zurückzukehren hoffte, obgleich er über hundert Meilen von ihnen entfernt war, und eine lange Reise mit seinem schweren Kasten auf dem Rücken zu Fuß machen mußte. Auf die Frage der Mutter, wer

H.J. Stanley: Der Traum von der Heimath, Stahlstich, Verlag der Englischen Kunstanstalt von A.H. Peyne, Leipzig und Dresden (um 1890)

ihm die hübschen Puppen gemacht habe, antwortete er, daß er sie selbst im Winter mache. Dies Alles erzählte die Mutter den Kindern wieder, und machte sie zugleich darauf aufmerksam, wie glücklich sie im Vergleich zu diesem armen kleinen Knaben wären, der sein Brod in der Fremde suchen und schon so viele Beschwerden erdulden müsse. Die Kinder begriffen das recht gut und dankten Gott für ihr Glück und seine große Güte gegen sie. Die Mutter aber ließ den kleinen Savoyarden seinen Kasten niedersetzen, erquickte ihn mit Speise und Trank, suchte einiges abgelegtes Zeug für ihn, namentlich ein Paar Schuhe, denn die seinigen waren völlig durchgegangen und die Zehen guckten vorn heraus, und beschenkte ihn überdies noch mit etwas Geld. Wie glücklich war der kleine Savoyarde! Wie köstlich schmeckte ihm die gute Speise, und wie segnete er die gute Madonna, wie er die Mutter nannte, so viel tausend Mal! Auch die Kinder freuten sich nicht wenig, daß Gott ihnen eine so gute, gefühlvolle Mutter geschenkt hatte."[174]

E.T.A. Hoffmann erwähnt in "Das fremde Kind" (1817) "Männchen mit Drehorgeln" als Kinderspielzeug. Einen Spielzeug-Leierkastenmann brachte um 1900 etwa die Pariser Firma Martin auf den Markt[175]. Als Antriebsmodell für eine Spielzeug-Dampfmaschine wurde ein blecherner Drehorgelspieler angeboten. Unter dem Bild eines Drehorganisten wurde zu derselben Zeit in einer Fibel das Erlernen des Buchstabens G mit dem Satz gefördert: "Gute Kinder geben gern." Auf dem Prospekt eines Kasperle-Theaters gleichen Alters ist ein Orgelmann mit einem Affen auf dem Leierkasten abgebildet. In einem Kinderbuch knurrt der Magen des kleinen Löwen Simba "unzufrieden wie eine verstopfte Drehorgel"[176]. Offenbar konnten die jungen Leser damit eine Vorstellung verbinden. Gustav Hochstetter veröffentlichte 1903 sein Gedicht "Hofconcert":

> Herrjeh, ist das 'ne Freude,
> Herrjeh, ist das ein Glück!
> Im Hofe ist ein Orgelmann
> Und spielt ein Polkastück.
>
> Klein Aennchen fasst Klein Lieschen,
> Sie drehen sich im Tanz.
> Klein Aennchens Zopf
> klatscht hin und her,
> Als wie ein Rattenschwanz.
>
> Frau Müllers dicker Anton,
> Der hopst allein herum;
> I gitt, sind seine Höslein kurz
> Und seine Beine krumm.

Und Lina in der Küche
Seufzt leise: Ach herrjeh,
Wenn erst nur wieder Sonntag wär'
Und ich in Schlachtensee.

J.A. Wehler: Hofball, Gartenlaube 1887

---

[172] So beginnt das Jugendbuch von Wolfgang Kohlhaas und Hans Kubisch: Alarm im Zirkus. Literarisches Szenarium zu einem Kriminalfilm. Berlin1954, S. 5; vgl. auch die Photographie nach S. 32, die eine Hinterhofszene mit einer Drehorgel zeigt.
[173] Kinderbücher gibt es erst seit gut 200 Jahren. Joachim Hinrich Campes "Robinson der Jüngere" (1780) stand am Beginn einer für Kinder geschriebenen Literatur.
[174] Hundert kleine Geschichten. Das allerliebste Buch für gute kleine Kinder. Von Amalia Schoppe, geb. Weise. Mit 50 colorierten Abbildungen. Wesel o.J., S. 144 - 146.
[175] Vgl. Altes Spielzeug. Sammlung H.G. Klein. Schriften des Museumsvereins Dorenburg e.V., Bd. 26, Köln 1979, S. 150.
[176] Hanns Krause: Löwenspuren in Knullhausen, Feldberg /Mecklenburg 1949, S. 23.
[177] Düsseldorf 1957, S. 63-67.

Else Ury (1877-1943) erzählt ähnlich in "Nesthäkchen und ihre Puppen. Eine Geschichte für kleine Mädchen"(1910) vom "Dudel-Dudel-Leierkasten"[177]:
"Plötzlich wurde die kleine Gesellschaft drunten noch lebhafter als zuvor. Das Interesse für die schwarze Grete - die geschwätzige Elster, die in einem Käfig an dem Pförtnerhäuschen wohnte und so stolz tat, als ob sie selbst der Pförtner sei - war mit einemmal verflogen, all die blauen, grauen und braunen Kinderaugen wandten sich mit seligem Aufleuchten einem ziemlich zerlumpten, alten Manne zu, der den Hof betrat. Auf dem Rücken trug er einen großen Kasten und in der Hand ein hölzernes Gestell. 'Der Leiermann - der Leiermann ist da!' klang es jubelnd vom Hof herauf. Auch Annemie klatschte vor Freude in die Hände, und sämtliche Köchinnen machten ihre Küchenfenster auf und guckten heraus. Der Leiermann stellte sein Gestell auf, setzte den Kasten darauf, drehte die Kurbel 'Dudel-Dudel-Leierkasten' - und dann begann das Konzert auch schon. Erst ein lustiger Walzer, die Kinder drinnen im Hof umschlangen sich paarweise und begannen zu tanzen. Geheimrats dicke Köchin wiegte sich bei ihrer Speise in den Hüften, die Auguste ließ ihr Plätteisen über die Wäsche tanzen, der blasse Rolf trommelte dazu an die Fensterscheibe, und selbst die schwarze Grete schlug zierlich mit den Flügeln den Takt. Annemie aber dreht ihre Puppen nach der schönen Musik und dachte voll Inbrunst: 'Ach, wenn ich doch nicht die Annemie Braun, sondern ein Hausmeisterkind wäre und da unten mittanzen könnte.' Als der Leiermann geendet, flogen aus vielen Fenstern in Papier gewickelte Geldstücke herunter, die er dankend aufsammelte, wobei ihm die Kinder halfen. Auch Annemie lief zu Mutti, die mit Fräulein die Wintersachen gegen Motten verwahrte. 'Mutti, ach bitte, schenke mir doch einen Sechser für den Leiermann unten.' Mutti lachte über ihr niesendes Töchterchen und gab Nesthäkchen das gewünschte Geldstück. Eifrig lief die Kleine damit zu ihrem Gärtchen zurück. Sie wickelte das Geld in Zeitungspapier und - hast du nicht gesehen - da sauste es durch die Luft, dem kleinen steinernen Nackedei im Springbrunnen gerade an den Kopf. Hops, ging die Reise weiter in den Springbrunnen hinein, daß das Wasser aufspritzte. 'Mein Geld, mein Geld ist ertrunken!' schrie Annemie herab zu den dudelnden Polkaklängen. Der krummbeinige Karl hörte mit Tanzen auf, fischte das Geld aus dem flachen See und legte es auf den Leierkasten. 'Schönen Dank auch, kleines Fräulein!' rief der Leiermann herauf und nahm sogar seinen verbeulten Hut ab. Dann spielte er einen feinen Galopp ... Der Leiermann hatte inzwischen seinen Kasten wieder aufgeschnallt und machte Miene, ein Haus weiterzuziehen. Die Kinder liefen alle hinterher. Und Annemie ... lief hinter den fremden Kindern her. Nicht an Muttis Verbot dachte das unartige Kind, nicht an ihre Angst und Sorge. Annemie dachte einzig und allein an den Leierkasten."
Der gehörte bekanntlich auch zu den Jahrmarkt-Attraktionen. An Begebenheiten rund um den Bremer Freimarkt erinnert B. Schulze Smidt[178]:
"Die Schule schmeckte nicht, obwohl sie ganz abseits vom Treiben der Menschen in der düsteren Hundestraße lag. Fräulein Meta, die Hauptlehrerin, die im

Grunde die Güte selbst war, mußte doch heute eine Strafpredigt vom Stapel lassen, weil die Kinder immer nur nach den wimmernden Tönen der Zitterorgel hinhorchten, die mit rührender Ausdauer unter dem Fenster das Lied spielte: "Wie die Blümlein draußen zittern / in der Abendlüfte Wehn - / Und du willst mir's Herz verbittern / und willst wirklich von mir gehn? / Ach bleib bei mir, -- / und geh nicht fort, -- / an deinem Herzen ist der schönste Ort!" Die oberste Klasse hatte sich die Zitterorgel und den schwarzäugigen Künstler, der ihr die edlen Melodien entlockte, natürlich vor die Schule bestellt, und er wich und wankte nicht, trotz Scheltens und Fortschickens; denn ihm war von den angehenden Backfischen noch der nachträgliche königliche Sold von zwölf Groschen zugesichert worden, falls er tapfer auf dem Posten bliebe. Und so spielte er die "Schlummerpolka" und den "Zigeunerchor" und "Du, du liegst mir im Herzen!" zu Fräulein Metas Verzweiflung. Ihre gestrenge Schwester Trinchen hatte es leider auch nicht besser mir den kleinen Schülerinnen in der Rechenstunde. ... Im Gegenteil, während sie eine absichtlich große Zahl durch acht teilen ließ, mit einem verzwickten Bruch bei der Endzahl, fielen ihr plötzlich die eigenen Jahrmarktstreiche ein – damals, vor langen Jahren. Obwohl sie sich auf die strengen Lippen biß, mußte sie doch ein klein wenig lächeln, und dazu spielte drunten auf der Straße wieder ein Orgeldreher, ein alter Mann, auf seiner verstimmten Orgel ein Lied aus Fräulein Trinchens Jugendzeit."

Wolfdietrich Schnurre läßt einen Jungen erzählen[179]:

"Es war richtig warm in der Sonne, man hätte getrost schon trieseln oder mit Murmeln spielen können. Gerade als ich so dachte, hatte ich plötzlich dasselbe Gefühl wie nachts, wenn ich aufwachte, und wußte ganz sicher, jetzt mußte Vater gleich kommen, und da hörte man auch schon die Haustür gehen, und gleich darauf rasselte das Schlüsselbund, und Vater schloß die Wohnungstür auf. Jetzt war es ähnlich; ich wußte, gleich mußte irgendwas Aufregendes passieren; es lag in der Luft, man merkte es deutlich; und ich blieb atemlos stehen und machte den Mund auf. Und da kam es auch schon. Erst nur ein Wehen, dann ein Summen, dann ein paar Töne und schließlich Musik: ein Leierkasten, der erste Leierkasten in diesem Jahr. Er mußte sehr weit weg sein; jedesmal, wenn vorn über die Kreuzung eine Straßenbahn fuhr oder auch nur, wenn ein Auto an mir vorbeikam, übertönte das die Musik, und ich mußte mir große Mühe geben, sie darauf wieder ins Ohr zu bekommen. Ich lauschte, bis mir das Herz im Halse schlug. ... Und auf einmal kriegte ich riesige Angst, daß es aufhören könnte, und ich fing an zu zittern, und mein Herz klopfte wie rasend, und ich rannte los, der Musik nach. Doch mit Rennen war da wenig zu machen; man mußte langsam

---

[178] B. Schulze Smidt, Jahrmarks-Zauber, in: Das goldene Kinderbuch. Kurzweilige Erzählungen und Schwänke. Reutlingen o.J. S. 395-408, S. 400ff.

[179] Als Vaters Bart noch rot war. Ein Roman in Geschichten. (1958), Neuausgabe Berlin 1996, S. 12-14.

gehen und leise und mußte Lastwagen und Motorräder vorbeilassen und immer wieder stehen bleiben und lauschen und den Atem anhalten und aufpassen, von woher der Wind kam; denn es war nicht einfach, die Richtung festzustellen, aus der es (das Lied) ertönte. Ein bißchen näherte ich mich ihm so auch, aber richtig ins Ohr kriegte ich es nicht. Es war wie verhext, immer wenn ich dachte, eine Querstraße noch, war es plötzlich weiter weg als vorher; und manchmal war es auch gar nicht zu hören, und dann stand ich bloß da und trat von einem Fuß auf den anderen und preßte die Faust gegen den Mund, weil ich nicht losweinen wollte. ... Ich lief weiter; ich wußte schon längst nicht mehr, wo ich war; es war auch nicht wichtig, wichtig war nur, zu dem Leierkasten zu kommen. ... Ich war jetzt in einem Viertel, wo es nur Fabriken gab; die Schornsteine sahen wie große, brandrote Zigarren aus, und überall ratterten Maschinen und zischte und hämmerte es. Aber es war merkwürdig, gerade hier war der Leierkasten jetzt so deutlich zu hören, wie vorher noch nie. Ich fing an, das Lied ein bißchen mitzusummen, da heulte plötzlich eine Sirene auf, und gleich darauf eine zweite und dritte, und auf einmal tuteten in allen Fabriken ringsum die Sirenen, und die Tore gingen auf, und die Arbeiter kamen heraus. ... und dann hörte auf einmal der Sirenenton auf ... ich blieb stehen und lauschte. Ich hielt den Atem so lange an, bis ich dachte, der Kopf müßte mir platzen - : nichts; der Leierkasten blieb still, die Sirenen hatten ihn stumm gemacht. Da setzte ich mich auf den Rinnstein und wünschte, ich wäre tot."

Auch in neueren Kinder- und Bilderbüchern begegnet der Leierkasten. Janosch berichtet in "Der Räuber und der Leiermann" wie es dazu kam, daß der Besenbinder Josef Pistulka zum Drehorgelspieler wurde, der mit dem Leierkasten durchs Land zieht und die "ungeheuerliche Geschichte von dem berühmten Räuber im finsteren Wald" singt[180]. Von einem "lila Leierkasten", der in Wirklichkeit keine Drehorgel war, handelt ein "Ratekrimi" für Kinder von Ursel Scheffler[181]. Heinz Wegmann erzählt zu Bildern von Paul Nussbaumer von Grischa, die alles hat, viele Spielsachen, Tonbandkassetten, Computerspiele, das Fernsehen, und der es trotzdem oft langweilig ist[182]:

"Grischa hat schon wieder den Fernseher eingeschaltet. Plötzlich hört sie durch das geschlossene Fenster leise und fremde Töne. Grischa ... schaut auf die Straße hinunter. "Ist das nicht der Hut von Amadeo Orgelmann?", denkt sie. Amadeo ist

---

[180] rororo rotfuchs, Bd. 6, Reinbek bei Hamburg 1972; vgl. auch: Janosch. Blaues Pferd und schwarzer Rabe, - eine Geschichte um ein Karussell, in der auch ein Leierkasten gespielt wird - , in : Ders.: Lügenmaus und Bärenkönig. Ravensburger Taschenbücher, Bd. 197, 1971.
[181] Kommissar Kugelblitz. Der lila Leierkasten. Dreizehn Ratekrimis. München o.J. (1999), S. 9-20.
[182] Paul Nussbaumer/Heinz Wegmann, Amadeo Orgelmann, Zürich 1984.
[183] Der Sängerkireg der Heidehasen. Ein Hörspiel für groß und klein von James Krüss. Musik: Rolf Wilhelm. Schallplattenaufnahme: Marcato 38267 1 Stereo, Reinhard Mohn OHG, Gütersloh o. J
[184] München 1957
[185] So viele Tage wie das Jahr hat. 365 Gedichte für Kinder und Kenner. Gesammelt und hg. V. James Krüss. München o.J., S. 41.

ein Leierkastenmann. Er reist mit seiner Drehorgel im Land herum. Ein Jahr braucht er, bis er wieder an den selben Ort kommt. Amadeo Orgelmann hat viele schöne Töne in seinem Leierkasten. Zuerst will Grischa losrennen, auf die Straße, zu Amadeo Orgelmann, aber seine Musik nimmt sie gefangen. Sie setzt sich auf einen Stuhl, schließt die Augen und lauscht. Und dann, ja dann geschieht es: die Töne aus Amadeos Leierkasten kommen durch das offene Fenster in die Stube herein. Sie verwandeln sich in Farben und Formen. Grischa sieht hinter den geschlossenen Augen Blumen und Blätter, Papierschlangen und Konfettis und vieles, wofür sie keinen Namen hat. Ein zartes Tönchen wird wie eine flaumige Feder in der Stube hin- und hergeweht. Ein anderes Musikstück beginnt. Neue Töne reihen sich aneinander. Grischa denkt an Wind und Wolken, an Wasser und Wellen. Zum Schluß ertönt ein kleiner Paukenschlag. Grischa stellt sich vor, daß er als pelziges Tier in ihren Schoß plumpst. Grischa öffnet die Augen. Hat sie geträumt? Sie geht zum Fenster. Aus dem Leierkasten tönt jetzt eine lustige Melodie. Die fröhlichen Töne flattern wie Schmetterlinge durch die Luft. Sie setzten sich auf den Baum, unter dem Amadeo steht, und bewegen ganz leise ihre Flügel. Nun sind auch Grischas Eltern heimgekommen. Von der Straße herauf klingt ein altes Lied. Vater und Mutter horchen auf: sie kennen dieses Lied gut ... Die Töne kitzeln sie im Ohr und fahren ihnen in die Beine. Sie beginnen zu tanzen, zuerst mit unbeholfenen Schritten, dann immer ausgelassener. Sie nehmen Grischa in die Mitte. Zu dritt tanzen sie in der Stube herum. Dann hört die Musik auf. Die drei stehen still. Sie sind außer Atem. Sie lauschen und staunen ... An diesem Abend schläft Grischa bald ein. Grischa träumt die ganze Nacht von farbigen Blumen und bunten Schmetterlingen, von pelzigen Tieren und von Amadeo Orgelmann."

Einen Freund hat die Drehorgel an dem Kinderbuchautor James Krüss (1926 -1997) gefunden. Eine Sammlung von Kindergedichten heißt "Der wohltemperierte Leierkasten", sein Kinderbuch "Bonjour Abenteuer" erzählt eine Leierkastengeschichte, im Hörspiel "Der Sängerkrieg der Heidehasen" singt ein Leierkasten-Paar[183], und in der TV-Serie "James Tierleben" war in jeder Folge ein Leierkasten-Lied zu hören. Auch danken wir ihm die "Moritat vom Leierkasten-Jan aus Amsterdam"[184]. Unter den "Gedichten für Kinder und Kenner" führt Krüss das "Lied des Leierkastenmannes" von Lene Hille-Brandts auf[185]:

> Ich bin der Leierkastenmann.
> Hört meinen Leierkasten an!
> Ich drehe und drehe und werde nicht müd
> Und singe tagtäglich mein ewiges Lied:
> Ich hab keine Mutter,
> Ich hab keinen Vater,
> Ich hab keinen Hund,
> Und
> Ich hab keinen Kater,

Ich habe kein Bett,
Und
Ich hab keinen Teller,
Ich habe kein Brot,
Und
Ich hab keinen Heller,
Ich hab keine Suppe
Und
Muß immer fasten,
Doch hab ich,
Doch hab ich
Den Leierkasten!

Helmuth K. Reich und Dieter Schneider haben zu einem Lied von Willibald Winkler folgende Verse geschmiedet:

Der letzte Leierkastenmann geht durch Berlin,
er spielt noch immer seine alten Melodien,
die Vater Zille schon gekannt hat,
zwischen Kietz und Linden grün.
Der letzte Leierkastenmann geht durch Berlin,
und alle Leute bleiben stehn und grüßen ihn.
Er spielt noch immer seine Melodien.
Der letzte Leierkastenmann geht durch Berlin.

Er war das Ein-Mann-Orchester
auf dem dritten Hinterhof.
Zwischen Neujahr und Silvester
spielte er auf manchem Schwoof.
Und man tanzte Schieberpolka
flott nach seinem Drehkonzert.
Zu den Herzen der Berliner
blieb ihm keine Tür versperrt.

Längst sind alte Gaslaternen
überstrahlt vom Neonlicht.
auch den schwarzen Schornsteinfeger
kennen neue Häuser nicht.
Doch wenn unser Orgelspieler
durch die weiten Straßen zieht,
freu'n sich groß' und kleine Kinder,
haben Spaß an seinem Lied.

IV. Allerlei Audiomatophone vielsaitiger geht's schwerlich

Über die Vielfalt mechanischer Musikinstrumente

Mit mechanischen Musikinstrumenten begegnet in Geschichte und Gegenwart eine Instrumentengattung, wie sie sonst vielseitiger nicht vorkommt. Sie so zu definieren, daß jedes Instrument darunter begriffen werden könnte, ist nicht möglich. Im Grunde gab es kein Instrument, an dem nicht der Wunsch, es auch als Audiomatophon zu haben, erprobt wurde. Tönende Automaten sind ein uraltes Wunder. Im 2. Jahrhundert vor Christus baute ein Ktesibios aus Alexandria, ein Zeitgenosse des Archimedes (287-212), Wasserorgeln, Automaten, Wasseruhren, auch ein Musikwerk mit Trompetenton. Um 230 v. Chr. beschreibt Philon in Byzanz Dampfgebläse mit Dampfpfeifen in Form von Vögeln. Philon zeigt auch, wie man Automaten bauen kann. Er bewegt Figuren wie Vögel durch Schwimmer, die auf einer steigenden und fallenden Flüssigkeit sitzen. Durch die Verdrängung der Luft können pfeifende Töne hervorgebracht werden. Von Stangen werden die Flügel der Vögel gespreizt und die Köpfe der Vögel nickend bewegt. Nach demselben Prinzip baute der griechische Mathematiker Apollonius aus Perga um 200 v. Chr. einen mechanischen Flötenspieler. Der alexandrinische Techniker Heron (um 160 n. Chr.) beschreibt ein Musikwerk mit Cymbala oder Trommeln und beweglichen Figuren. Bei ihm findet sich auch erstmalig ein Automat, der gegen Einwurf eines Geldstücks etwas verkauft, hier Weihwasser. Aus dem Mittelalter sind Schilderungen des Graltempels und seiner Klangwunder überliefert. Der islamische Gelehrte Muristus schrieb im Jahre 1206 eine Abhandlung über Uhren, in der auch mechanische Trommeln, Zimbeln, Trompeten und Flöten beschrieben werden. Leonardo da Vinci (1452-1519) befaßte sich mit einem Geigen-Clavizymbel. Die Instrumentensammlung in Brüssel bewahrt L'épinette à cylindre, ein Augsburger Automatenoktavspinett von Veit Langenbucher und Samuel Bidermann von 1622. Athanasius Kircher veröffentlichte 1650 sein Werk "Musurgia Universalis" über verschiedene mechanische Musikwerke.

In der Blütezeit mechanischer Musikinstrumente, vom Ende des 19. Jahrhunderts bis in die 20er Jahre des 20. Jahrhunderts, wurden die Rollmonika, eine selbstspielende Mundharmonika, das Trombino, eine selbstspielende Trompete, das Pistonet der Fa. Menzenhauer, Berlin um 1920, das Filmophon, ein Saxophon, die Filmoklarinette, das mechanische Kornett oder Trompetto, das Bandinophon der Fa. Euphonika 1895, die Sonatina der Fa. Rudolf Wünsche in Leipzig ca. 1895, der Tanzbär, ebenfalls eine selbstspielende Ziehharmonika der Fa. Zuleger in Leipzig, die Magic Organa der Fa. Hohner in Trossingen und das

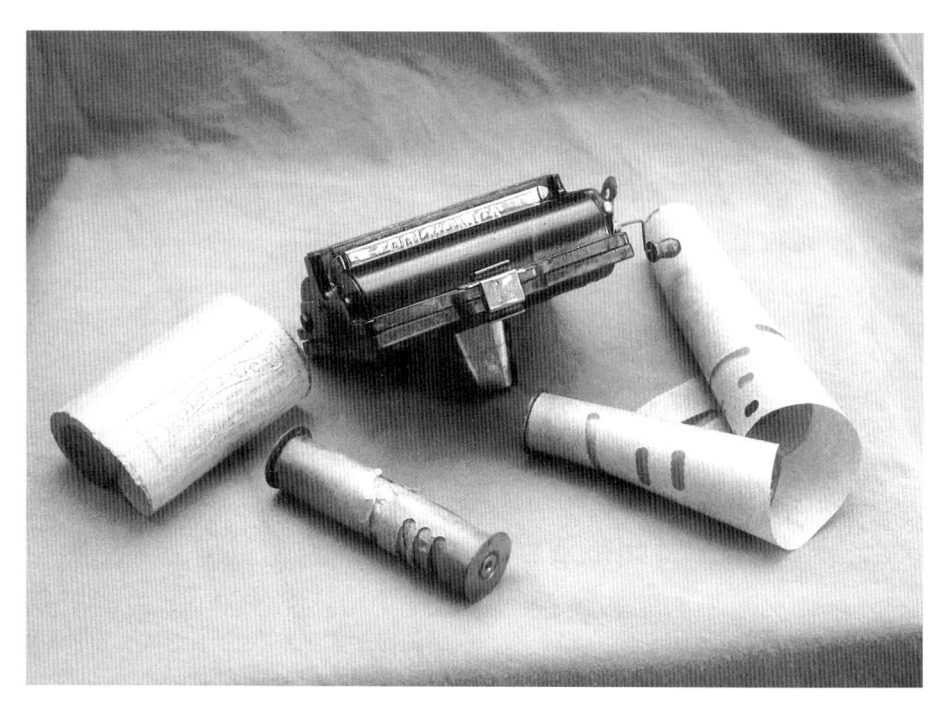

Rollmonika
Foto: Roland U. Neumann

Accordeon Electrique der Straßburger Firma Seybold[186] um 1930, das selbstspielende Banjo wie im Fall des von Charles B. Kendall entwickelten Encore, die automatische Harfe etwa der Firma Wurlitzer, das Cordeophon, eine selbstspieldende Zither, oder andere Zitherautomatophone wie die Arpanetta oder das Volksklavier, selbstspielende Geigen, im Violano virtuoso der Gesellschaft Mills Novelty in Chicago nach dem Patent von Konrad Sandell (1904) oder wie die Phonoliszt-Violina (1908), dem Geigen-Piano, "dem ersten und einzigen Instrument mit wirklichen, durch Roßhaarbogen gestrichenen Violinen mit künstlerischer Klavierbegleitung", der Firma Hupfeld, Leipzig, angeboten. Man hat also versucht, geradezu jedes Instrument automatophon zum Tönen zu bringen, Tasten-, wie Zupf- oder Streich- und Blasinstrumente, ja ganze Orchester sollten mechanisch, genauer: selbstspielend, erklingen.
In "Palingenesien" schreibt Jean Paul 1798 von einem "Setzinstrument (ein in Berlin erfundenes Klavier, das alles auf ein Papier aufzeichnet, was man darauf spielt)"[187]. Im Jahre 1752 hatte der braunschweigisch-lüneburgische Hofrat Unger der Akademie der Wissenschaften in Berlin den Entwurf einer Maschine vorgelegt, die alles aufzeichnete, was auf dem Klavier gespielt wurde. Leonhard Euler (1707-1783), Direktor der Mathematischen Klasse der Akademie, ließ diese

Apparatur bauen. So wurde also auch das Klavier, das Pianino bzw. Pianoforte, selbstspielend eingerichtet. Zunächst begegnet auch hier die Walzensteuerung beim Rückenklavier, einem eben auf dem Rücken tragbaren Klavierinstrument[188], dann dem Walzenklavier. Der "Radaukasten" (Paul de Wit) wurde auch mit Schlaginstrumenten und bzw. oder Glocken versehen, einem Federmotorantrieb, Münzautomatik für Gaststätten, beweglichen Bildern. Hierher gehört auch das Straßenklavier, die Pianoorgel oder das Kurbelpiano, das in Italien, Spanien, Südfrankreich und England verbreitet, auch in Kleinstausgabe in Kinderzimmern zu finden war. Dem Problem des Walzenklaviers, nämlich der kurzen Dauer der Musikstücke, versuchte Alexander Debain, im übrigen erfand er 1840 das Harmonium, mit bestifteten Tafeln, dem System Antiphonal, abzuhelfen[189].

Eine Art selbstspielendes Cymbal ließ Giovanni Racca in Bologna 1886 mit dem leporellogesteuerten Piano Melodico patentieren. Mit Scheiben wurde das Orchestrion Klavier Regina der Firma Regina Music Box Co. gesteuert. Ariston-Platten gaben die Information an das 24tönige Orpheus-Klavier der Firma Paul Ehrlich. Eine wesentliche Verbesserung gelang von 1880 an mit dem pneumatisch ausgelösten Tonschlag und der Einführung der pneumatisch abgetasteten Notenrolle um die Jahrhundertwende. Pianola und Phonola, mechanische Klaviere oder als Vorsetzer, seine hölzernen Finger spielen die Tasten eines üblichen Pianoforte, gehörten im ersten Drittel des 20. Jahrhunderts zur gehobenen Wohnungseinrichtung[190], in Vergnügungslokale und Lichtspieltheater.

Hingewiesen sei auf Maurice Ravel (1875-1937), der für das Selbstspielklavier schrieb, vor allem aber auf die Bedeutung des Pianolas für Igor Stravinsky und seine Pianola-Kompositionen und -Transskriptionen. 1921 ging Stravinsky gegenüber der französischen Klavierbaufirma Pleyel die Verpflichtung ein, Transkriptionen seiner Arbeiten für das selbstspielende Klavier Pleyela zu erstellen. Dazu stellt er in seinen Erinnerungen 1937 fest: "Zwei Gründe waren es, die mich veranlaßten, diesen Auftrag anzunehmen. Ich wünschte ein für allemal zu verhindern, daß meine Werke falsch interpretiert werden. Schon immer hatte ich nach einem Mittel gesucht, jene

Walzenklavier, 50 Claves, Federmotor mit Handkurbelaufzug und Münzautomatik, Ch. Romano / E. Mazzoletti, Brüssel um 1890. Foto: Roland U. Neumann

Piano Melodico, 30 Tonstufen, Giovanni Racca, Bologna um 1890.
Foto: Roland U. Neumann

Pianola Piano, 88 Tonstufen, Steck/Aeolian, Aeolian Co. Ltd., London um 1920.
Foto: Roland U. Neumann

gefährliche Freiheit der Auslegung zu begrenzen ... Auch aus einem weiteren Grunde befriedigte mich diese Arbeit. Sie beschränkte sich nämlich nicht darauf, ein Orchesterwerk einfach für ein Klavier von sieben Oktaven Umfang umzuschreiben. Das mechanische Klavier hat besondere Eigenschaften, denen sich meine Bearbeitung natürlich anpassen mußte. Es bietet unbeschränkte Möglichkeiten im Hinblick auf Präzision, Schnelligkeit und Polyphonie." Auch der Hinweis etwa auf "Pacific 231" von Arthur Honegger (1892-1955) dürfte von Interesse sein. Honegger schrieb neben der Orchesterpartitur dieses Werks auch eine Fassung für Selbstspielklavier. George Antheil (1900-1959), von Stravinsky angeregt, setzte bei der Instrumentierung seines "Ballett mécanique", 1926 uraufgeführt in Paris, zunächst (1923) 16 Pianolas ein, ehe er wegen der Uneinlösbarkeit der Synchronisierung das Werk für ein Pianola, zwei Klaviere, Schlagzeug, Telefonklingel, Sirene und Flugzeugmotoren umschrieb.

In Konkurrenz zum Pianola, der patentierte Name der Gesellschaft Aeolian, E.S. Votey erhielt darauf 1897 das Patent, brachte die Leipziger Firma Hupfeld 1901 die halbautomatische Selbstspieleinrichtung Phonola zum Einbau in Flügeln und Pianinos oder als Vorsetzer auf den Markt. Um 1910 setzte sich die 88er Skala durch. Etwa zur selben Zeit verschwanden die Vorsetzer vom Markt. 1912 stellten die Frankfurter Musikwerke J.D. Philipps & Söhne das Duca-Reproduktionssystem vor. 1913 präsentierte die Aeolian Company das Duo-Art. 1914 brachte die American Piano Company das Ampico auf den Markt.

1904 stellte die Freiburger Firma Welte & Söhne das Welte-Mignon-Reproduktionsklavier vor, konstruiert von Karl Bockisch (1874-1952), fraglos der Höhe-

---

[186] René Seybold war um 1910 bei der Fa. Hohner tätig und machte sich nach dem 1. Weltkrieg in Straßburg selbständig.

[187] A.a.O., II, S. 120.

[188] Das Rückenklavier ist nicht mit der italienischen Schulterorgel (Portativ) zu verwechseln. Mit einer solchen, sie wird heute im Museum in Lindau gezeigt, soll Batista Bacigalupo um 1867 nach London gekommen sein.

[189] Debain hatte zudem die Frage der Autorenrechte von Musikstücken erfaßt und von diversen Komponisten die Rechte erworben. Damit brachte er Konkurrenten in erhebliche Schwierigkeiten. Zur Lösung der "Affaire Debain" und Vermeidung ähnlicher Probleme handelte die Schweiz 1882 eine besondere Konvention "zum gegenseitigen Schutze des literarischen und künstlerischen Eigenthums aus: Die Fabrikation und der Verkauf von Instrumenten, welche dazu dienen, auf mechanischem Wege musikalische Melodien, die Privateigenthum sind, zu reproduzieren, werden in Frankreich nicht als Nachbildung von musikalischen Werken angesehen." Vergleichbare Abkommen schloß die Schweiz mit Österreich (1868) und dem Deutschen Zollverein (1869).

[190] So berichtet Ferdinand Sauerbruch (1875-1951) in seinen Lebenserinnerungen aus seiner Zürcher Zeit: "In meiner Jugend hatte ich Trompete geblasen, das tat ich jetzt nicht mehr, aber ich kaufte mir ein Phonola, auf dem sich leicht musizieren läßt. Mein Lieblingsstück war die Egmont-Ouvertüre, die spielte ich mir und meinen Gästen mit großem Schwung vor." (Das war mein Leben, Goldmanns Gelbe Taschenbücher Band 1823/24 München, o.J., S. 140)

punkt in der Entwicklung selbstspielender, mechanischer Musikinstrumente. Der Fortschritt gegenüber Pianola oder Phonola bestand in der Speicherbarkeit der Dynamik in ihren feinsten Abstufungen. Die Originalinterpretationen wurden mit allen dynamischen und agogischen Details wiedergegeben. Es ist übrigens bis heute nicht gelungen, die Weltesche Aufnahmetechnik zu ergründen. Die Firma, sie stellte die Produktion ihrer Reproduktionsinstrumente 1931 ein und wurde im 2. Weltkrieg zerstört, hat das Geheimnis des Welte-Verfahrens nie patentieren lassen. Soviel scheint jedoch sicher: als Aufnahmegerät diente im Firmensitz Freiburg und in Leipzig, wo Welte von 1905-1909 ein Aufnahmestudio bei Popper & Co. hatte, ein speziell präpariertes Klavier, das während des Spiels alle Aktionen des Pianisten in elektrische Signale aufnahm und an ein Gerät weitergab, das sie auf einer Papierrolle aufzeichnete. Diese Mutteraufnahmen wurden dann kopiert[191].

Hier sind zudem zwei Aufnahmetypen zu unterscheiden, nämlich gleichsam der Mitschnitt virtuosen Klavierspiels und zum anderen in den 20er Jahren (nach dem 1. Weltkrieg!) die Realisierung von Kompositionen ohne Hilfe eines Pianisten. Im ersten Fall wurde nicht mehr der Virtuose ersetzt, hier kam der Virtuose ins Heim. Namhafte Pianisten - wie W. Backhaus, F. Busoni, W. Gieseking, L. Godowsky, Wl. Horowitz, Ig. Padarewski, A. Rubinstein, A. Schnabel - und Komponisten - wie Cl. Debussy, G. Gershwin, E. Grieg, G. Fauré, G. Mahler, S. Prokofief, S. Rachmaninov, M. Ravel, M. Reger, C. Saint-Saens, I. Stravinsky, R. Strauss - haben auf Welte-Klavieren und Welte-Flügeln gespielt. George Gershwin (1898-1937) spielte nach der Uraufführung die "Rhapsodie in Blue" für Solo-Piano 1924 in der New Yorker Aeolian Hall auf eine Piano-Rolle ein[192]. Der Komponist, Pianist und Leiter der Leipziger Gewandhaus-Konzerte (1860-1895) Carl Reinecke (1824-1910) schrieb an Welte[193]:

> Dein wunderbarer Apparat
> Für alle Zeiten festgehalten hat,
> Wie Paderewski musiziert
> Und wie ein Greis die Tasten rührt.
> Den Achtzigjährigen kümmerts sehr,
> denn wie ein Jüngling spielt er heut' nicht mehr.
> Wär' einer noch da, der's später noch fühlt,
> Daß einstmals der Alte nicht schlecht gespielt.

P. Hindemith (1895-1963), E. Toch (1887-1964), G. Münch (1907-1988) und H. Haass (1897-1955) komponierten für das Welte-Klavier. Hindemith schrieb eine Toccata für mechanisches Klavier op. 40 (1926) und transkribierte das Rondo aus der Klaviermusik op. 37 (1925-1927). Ernst Toch komponierte "3 Originalstücke für das elektrische Welte Mignon Klavier" und übertrug seine Klavierburleske

"Der Jongleur" (1926). Gerhard Münch schrieb "Sechs polyphone Etüden für das elektrische Klavier" (1926), Hans Haass, von 1925 an Aufnahmeleiter der Firma Welte, die "Fuge in C-Dur" und das "Intermezzo" (1926). Das Kammermusikfest Donaueschingen 1926 wie das in Baden-Baden 1927 wurden ein Triumph der mechanischen Musik. Hier standen erstmals Originalkompositionen für mechanische Musikinstrumente auf dem Programm. Die eingesandten Kompositionen wurden von der Firma Welte gestanzt. Damit wurde die Tradition des Selbstspiel-Klaviers neu belebt, die um die Jahrhundertwende vor allem der Aufführungspraxis galt. Auffallendes Interesse fand das "Triadische Ballett" in der Regie und mit Kostümen von Oskar Schlemmer, für das Hindemith eine "Musik für kleine mechanische Orgel" geschrieben hatte. Es war bereits 1922 in Stuttgart uraufgeführt worden. Jörg Mager präsentierte sein Sphärophon mit unbegrenzter Oktavteilung, das er aus dem gemeinsam mit Alois Hába und Ivan Wyschnegradsky um 1911 konstruierten Viertelton-Klavier entwickelt hatte. Auch 1927 wurden Originalwerke für mechanische Instrumente vorgeführt, von W.A. Mozarts "Orgelstück für eine Uhr" (KV 608) auf einer Orgelwalze bis zu George Antheils "Ballett mécanique", dessen erster Teil in einem Arrangement für mechanisches Klavier zu Gehör kam. In Baden-Baden kam es auch zur Auseinandersetzung mit dem Film. So wurde Pat Sullivans "Felix der Kater im Zirkus" mit einer Musik für mechanische Orgel von Hindemith vorgeführt.

Der Harmoniumbau reagierte auf das selbstspielende Piano mit der Scheola z.B. der Stuttgarter Firma Schiemeyer, der Aeolian Orchestrelle der Firma Aeolian Company oder dem pneumatischen Harmonium der Firma Murdoch & Co. Bei der Leipziger Herbstmesse 1908 präsentierte die Firma Popper & Co. ihr Reproduktionsharmonium. Puccini bemerkt zur Orchestrelle: "With the Aeolion,

---

[191] Für das Welte-Verfahren gab es Entwicklungsstufen, die an der Farbe der Rollen erkennbar sind. Die frühen Rollen sind rot, die späteren grün.

[192] Horst Wahl, Die Chronik der Sprechmaschine, 4 Bände, hg. von H. Sieben, Bd. I, Düsseldorf 1986, S. 40, berichtet: "1936 überspielte ich in Berlin in einem Pianohaus an der Gedächtniskirche eine große Anzahl von Klavierrollen für den Rundfunk. Der hierbei benutzte Steinway-Welte-Reproduktions-Flügel war von einer außerordentlich hochwertigen Qualität, die Aufzeichnungs-Apparatur befand sich in erstklassigem Zustand, und was Herr Bockisch bei der Feineinstellung des delikaten Anschlags-Reproduktionsteils leistete, führte zu einer Wiedergabe, wie ich sie vollendeter nie von dergleichen Klavierrollen gehört habe. Als ich diese Überspielung kurz vor dem Kriege (1939) Direktor Wünsch von der Deutschen Grammophon vorspielte, war er von der Wiedergabe des Spiels von Busoni, Reisenauer, d'Albert, Carreno usw. derart begeistert, daß er sofort entschied, daß ich mit Herrn Bockisch in der Immentalstraße zu Freiburg Verhandlungen aufnehmen sollte, um diese Schätze bei der DG auf Platten herauszubringen. Leider hat dann der Krieg alle schönen Pläne zunichte gemacht, und damit war die letzte Möglichkeit einer vollendeten Rollen-Abspielung dahin, denn 1944 ging die Freiburger Produktionsstätte in Trümmer und auch der Berliner Flügel überlebte nicht."

[193] Zitiert nach H. Wahl, a.a.O., I, S. 39.

those who do not know any musical note, but are endowed with a musical taste, can become acquainted with what is the best in musical art." Ein Harmonium mit Stiftwalze hatte die Fa. Gavioli um 1860 auf den Markt gebracht, die Fa. Spaethe in Gera um 1880 Instrumente mit Stiftwalze und dann mit Lochband, die Fa. Lundholm in Stockholm um 1900 mit Lochplatte. Grob & Co. und die Nachfolgefirma in Leipzig bauten das Clavimonium und die Fa. Zuleger in Leipzig vertrieb um 1920 die Harmonola.

Die Welte-Philharmonie-Orgel wurde erstmals 1911 auf der Leipziger Frühjahrsmesse vorgestellt. Max Reger (1873-1916), der diverse Mutterrollen bespielte, äußerte 1913: "Die Welte-Philharmonie-Orgel hat mir ganz ausgezeichnet gefallen; ich wünsche diesem prachtvollen Instrument die weiteste Verbreitung."

Nach 1850 wurde die Musikuhr zum Orchestrion weiterentwickelt. Es handelt sich im Unterschied zum Piano-Orchestrion, das seit ca. 1900 gebaut wurde, um das sogenannte Pfeifen-Orchestrion. Stärkere Pfeifenregister wurden eingebaut. Pauke, Trommel und Schlagzeug kamen hinzu. Als Informationsträger diente die Stiftwalze. Erste Orchestrions[194] wurden von dem Augsburger Johann Nepomuk Mälzel (1772-1838) in Wien konstruiert und gebaut. Sein Name ist bis auf diesen Tag mit dem Metronom verbunden. Wirklich geht dieses Gerät auf Diederich Nikolaus Winkel (1777-1826) zurück, der Mälzel seine Erfindung vorgeführt hatte[195]. Der ließ den Taktmesser, mit einigen Verbesserungen versehen, patentieren. Mälzels 1804 erbautes Panharmonicon[196], bestehend aus zusammen etwa 270 Instrumenten, war von solcher Qualität, daß Beethoven, dem er auch

---

[194] Der Begriff wurde durch die von Abbé Vogler 1789 in Holland erbaute und so benannte Reiseorgel eingeführt. Bei diesem Instrument handelte es sich nicht um ein selbstspielendes. Der Name war dann durch ein mit einer Orgel kombiniertes Klavier belegt, das laut einer Nachricht in der Allgemeinen Musikalischen Zeitung vom November 1798 von Thomas Kunz 1791 erfunden wurde. In der genannten AMZ-Ausgabe wird ein durch Kunz weiterentwickeltes Instrument vorgestellt, das er 1796-98 durch Johann und Thomas Still in Prag bauen ließ. Jean Paul berichtet in Palingenesien, 1798, a.a.O., II, S. 119f, von einem Orchestrion, ohne allerdings diese Bezeichnung zu gebrauchen: "In der Rührung führte er mich in den Konzertsaal und sagte, er sei der Musik-Direktor und das Orchester: ‚Nichts ist dabei lebendig, Komponist, sagte er, Notist, Harfenist, Flötenist, Taktschläger, alle sind Maschinen, nur der Zuhörer nicht."

[195] D.N. Winkel baute 1821 ein sogenanntes Componium, ein nicht nur selbstspielendes, sondern auch selbstkomponierendes Instrument, das sich in der Brüsseler Musikinstrumentensammlung des Königlichen Konservatoriums befindet. Eine von ihm "Amsterdam 1819 " signierte Salonorgel sowie das Orchestrion "Douairière" von 1826 zeigt das Utrechter Nationalmuseum "van Speelklok tot Pierement".

[196] Mälzel hat sein Panharmonicon, er soll zwei Exemplare gebaut haben, 1807 nach Paris verkauft. Es kam später in den Besitz des Württembergischen Landesmuseums und wurde im Zweiten Weltkrieg zerstört

Hörgeräte lieferte, sich 1813 dazu hergab, seine "Siegessinfonie" für das Panharmonicon zu bearbeiten. Allerdings muß dieser Siegesmeldung für das mechanische Musikinstrument die Bemerkung hinzugefügt werden, daß dieses Werk dann nicht auf eine Walze geschlagen wurde.

Genannt werden soll hier auch das Orchestrion von Friedrich Kaufmann (1782-1866) in Dresden, das durch zwei Walzen gesteuert wurde. In "The Illustrated London News" vom 5. Juli 1851 findet sich folgender, hier im Auszug wiedergegebener Bericht:

"Am Sonntag, 21. Juni, wurde in der St. Martin's Hall eine private Ausstellung folgender neuer Instrumente gezeigt: "Orchestrion", "Chordaulodion", "Symphonion" und "Trumpet Automaton", die alle vier automatisch spielen. Außerdem wurde das "Harmonichord" vorgestellt, das wie eine Orgel mit Tasten und Pedalen gespielt wird. Herr Kaufmann und sein Sohn, die Erfinder dieser Apparate, kommen aus Dresden, wo sie seit vielen Jahren unermüdlich an der Vervollkommnung dieser neuen Instrumente gearbeitet haben. Das "Orchestrion" ist das erstaunlichste in bezug auf seine äußere Gestaltung und das ausgeklügelste in technischer Hinsicht. Es ist eine Kombination von Blech- und Holzinstrumenten. Der untere Teil des Möbels kann geöffnet werden: Im Innern entdecken wir verschiedene Schlaginstrumente wie Zimbeln, Militärtrommeln und Triangel. Das "Orchestrion" ist eine Erfindung von Herrn Kaufmann und Sohn. Er hat fünf lange Jahre gearbeitet, um dieses großartige Instrument so auszuarbeiten, daß es eine ganze Militärkapelle ersetzen kann. Es gibt Flöten, Flageoletts, Klarinetten, Hörner, Trompeten, Fagott, Waldhorn, Oboe, Pauke, Trommeln usw. mit frappanter Ähnlichkeit wieder, und zwar ohne List oder Täuschungen. Alle Instrumente ... spielen wirklich und sind nicht etwa nur zur Dekoration in das Möbel eingebaut. Man fragt sich, wie es dem Erfinder wohl gelungen ist, diese Vollkommenheit der musikalischen Wiedergabe zu erreichen. Wie ein Wunder mutet einen z.B. die unsichtbare, nuancenreiche Instrumentation an, die außer dem gewohnten Forte und Piano über eine genaue Abstufung des Crescendo, Diminuendo und Sforzando verfügt. Noch nie haben wir etwa so Verblüffendes gehört wie das Finale von "Don Juan". Der Dreivierteltakt in den Tänzen ist von einer unfehlbaren Genauigkeit, wie sie ein lebender Künstler nur selten erreicht. Bewundernswert ist auch der Krönungsmarsch aus dem "Propheten" von Meyerbeer. Unsere Godfrey's Coldstream Band hat in Zukunft im "Orchestrion" einen nicht zu unterschätzenden Rivalen. ... Das erste öffentliche Konzert fand am Freitag, 26. Juni, statt, nachdem die Instrumente am 11. Juni schon im Buckingham-Palast Ihrer Majestät der Königin, dem Prinzen Albert und der königlichen Familie vorgeführt worden waren. ... Die königlichen Zuhörer haben ihrer Bewunderung für diese großartigen Erfindungen Ausdruck gegeben. Sie haben Herrn Kaufmann und seinen Sohn zu ihrem Erfolg beglückwünscht."

Wer das Orchestrion gebaut hat, das Peter Tschaikowsky (1840-1893) in seiner Kindheit in seinem Elternhaus beeindruckt hat, ist nicht bekannt. Dieses Instrument, das unter anderem Stücke aus Mozarts "Don Giovanni" erklingen ließ, hat den Grund für Tschaikowskys Mozart-Verehrung gelegt, die in seinem Werk, namentlich in den Mozart-Bearbeitungen, der "Mozartiana", die er mit diesem Untertitel 1887 als vierte Orchestersuite veröffentlichte, Ausdruck gefunden hat.

Von dem Bemühen, mit dem Orchestrion ganze Orchester zu imitieren, war auch Martin Blessing aus Unterkirnach (1774-1847), dem Ausgangspunkt der badischen Orchestrion-Industrie, geleitet. Um 1860 fand diese in Vöhrenbach ihr Zentrum. Für Vöhrenbach ist Stephan Wellenberger zu nennen, der wie Michael Welte und Tobias Heizmann bei Jacob Blessing in die Lehre gegangen war und in August Weber einen Lehrling hatte. Mit Vöhrenbach verbindet sich auch die Orchestrion-Fabrik Imhof & Mukle[197]. Weitere Orte waren Villingen, Furtwangen, Schönwald, dann Freiburg mit der Firma Welte und Waldkirch mit der Firma Gebrüder Weber. Sie hat das diesen Instrumenten verbundene Bestreben etwa mit Instrumenten wie Brabo oder Grandezza, Elite, Frato, Isola, Violano und Kino-Violano, Maesto, Otero, Styria, Unika zu gewisser Vollendung gebracht. Zu erwähnen wären auch die Leipziger Fabrik Popper mit der Luna, die Firma Blessing im Schwarzwald, die Firma Johann Heinrich Heller (1830-1906) in Bern, die neben ihren Orchestrions und einigen Drehorgeln wie "Phantasiegegenständen mit Musik", im besonderen mit ihren Musikdosen in Erinnerung

Piano-Orchestrion Herold, Rathaus Vöhrenbach, Musikwerkebau Imhof & Mukle, Vöhrenbach um 1900.
Foto: Arbeitskreis Stadtgeschichte, Vöhrenbach

---

[197] Daniel Imhof (1825-1900) aus Unterspitzenbach schloß sich der Badischen Revolution an, floh als Anhänger Heckers nach London, wo er die Firma Imhof & Mukle betrieb, die im wesentlichen mit mechanischen Musikinstrumenten handelte, und betrieb seit ca. 1870 die oben genannte Herstellung von Orchestrien in Vöhrenbach.

[198] Graham Whitehead, A Souvenir Booklet of Ashorne Hall, Home of the Famous Nickelodeon Collection, Coventry o.J., S. 1.

geblieben ist, die Musikwerke der Wiener Joseph Gurk und Ludwig Boltzmann, die französische Firma Limonaire, die Pariser Firma Gaudin, die amerikanische Firma Wurlitzer, hier beispielsweise mit Wurlitzer's Photoplayer, einem selbstspielenden Klavier mit Pfeifenwerk und Schlagzeug. In Amerika begegnen diese Instrumente unter dem Namen Nickelodeon, "a term given to describe the early American picture house (you paid a nickel to go into the Odeon, Odeon being a Greek word for theatre), a place in which these instruments were often used for accompanying silent films."[198]

Mitte der 20er Jahre wurden in Lichtspieltheatern Orchestrions und auch andere selbstspielende Musikinstrumente wie livespielende Musiker[199] abgelöst durch die Kinoorgeln etwa des Herstellers Wurlitzer, der Ludwigsburger Orgelbaufirma Walker ("Oskalyd Orgel"[200]), der Freiburger Firma Michael Welte ("Multiplex Verfahren", 1927[201]), der Leipziger Firma Hupfeld ("Solo- und Orchesterorgel, 1929[202]) oder der Londoner Orgelbau-Firma John Compton. Ist die Kinoorgel auch "ein Kunstwerk von überwältigender Tonschönheit, das selbst die höchsten Ansprüche restlos erfüllt"[203], haben wir es doch nicht mehr mit selbstspielenden, sondern mit Instrumenten zu tun, die besondere Virtuosen verlangten. Zukunft hatte die Kinoorgel nicht. Am 16. Dezember 1929 stellte die Ufa im Berliner Zoo-Palast mit "Melodie des Herzens" ihren ersten großen Tonfim vor.[204]

Von Sprechmaschinen und anderen Wiedergabegeräten

Gegen Ende der Epoche der selbstspielenden Musikinstrumente wurden zum Beispiel in die Symphonia, ein pneumatisches Klavier der Firma Popper, zusätzlich die letzten Neuheiten der Technik eingebaut, das Radio und der Plattenspieler. Bereits das Miraphon, von Mermod Frères in St. Croix seit 1903 vor allem für den amerikanischen Markt produziert, vereinigte in sich die Mira-Musikdose, ein Blechplattenspielgerät, und das Grammophon.

---

[199] Um 1930 waren allerdings mehr als 12.000 Musiker in deutschen Kinos beschäftigt. Vgl. Günter Pohlenz, Die Kinoorgel, in: Triangel. Ein Radio zum Lesen, 4.Jg., Heft 2, Leipzig 1999, S.18-23, S. 18f; vgl. zu heute in Deutschland noch vorhandenen Kinoorgeln: Ders., a.a.O., Heft 4, S. 42-47.

[200] System Hans Luedtke / Oskar Walker. Sie "übertrifft mühelos das bestbesetzte Orchester: Sie kann donnern, fauchen, kreischen, trillern, säuseln, pfeifen, heulen, surren, zart oder gewaltig sein, ganz wie ihr Meister am Spieltisch es will." (Film-Kurier, Berlin 8.12.1928).

[201] D.h., es werden aus einer Pfeifenreihe mehrere Register verschiedener Lagen erzeugt, z.B. aus einer Pfeife ein vier-Fuß, zwei-Fuß u.s.w.

[202] Im August 1929 stellte die Fa. ihr "Modell 7" dem Filmtheater "Capitol" in Leipzig kostenlos zur Verfügung. Der Verkaufspreis lag bei 58.000 Reichsmark.

[203] So die "Leipziger Pianoforte- und Phonola-Fabriken Hupfeld-Gebr. Zimmermann A.G." 1929.

"Es wäre wohl eine der wichtigsten Entdeckungen, wenn man eine Maschine bauen könnte, welche im Stande wäre, alle Klänge unserer Worte mit allen Articulationen nachzuahmen", schreibt 1761 der Mathematiker Leonhard Euler (1707-1783) in seinen "Briefen an eine deutsche Prinzessin". "Wenn man es dahin bringen würde, eine solche Maschine auszuführen, und man im Stande wäre, sie durch Tasten, wie bei einer Orgel oder dem Claviere, alle Worte aussprechen zu lassen, dann dürfte wohl alle Welt mit Erstaunen zuhören, wie eine Maschine ganze Sätze oder Reden vorträgt, die man mit dem schönsten Ausdrucke begleiten könnte. Prediger und Redner ... könnten dann ihre Reden auf einer solche Maschine abspielen, gerade wie ein Organist Musikstücke spielt." Von Sprechmaschinen vor mehr als sechstausend Jahren, die "den flüchtigen Klang des vergänglichen Augenblicks" festgehaben sollen, wird aus China berichtet[205]. Johannes Kepler (1571-1630) hatte 1612 den Gedanken einer Sprechmaschine geäußert. Er findet sich auch in Kirchers "Musurgia universalis" (1650). 1688 behauptet Günther Christoph Schellhammer, Professor zu Heidelberg, "jeder Ton entstehe durch wellenförmige Bewegung". Der Hofrat Wolfgang von Kempelen präsentierte 1778 einen mit Bälgen und Klappen versehenen Kasten, der einzelne Silben und Worte menschlicher Sprache vernehmlich zu artikulieren in der Lage gewesen sein soll. Von einer "Sprachmaschine" berichtet Jean Paul in "Palingenesien"[206]. Zu mehreren Sätzen war der Fabersche Sprechapparat in der Lage, der 1835 vorgestellt und 1841 in Berlin, 1847 in Leipzig vorgeführt wurde. Die Aufzeichnung von Schallwellen ist dem Engländer Thomas Young (1773-1829) 1807 gelungen. Er befestigte an einem Zinken einer Stimmgabel einen Schreibstift, dessen Spitze an einem geschwärzten Zylinder anlag und so die Ausschläge der Gabel festhielt. Weiterentwicklung fand diese Erfindung in Duhamels Vibrograph 1843. Leon Scott und König stellten dann den Phonautographen vor. Bei diesem Gerät war ein Papierstreifen über den Zylinder gespannt. Der Phonograph war ursprünglich als Sprechmaschine, als Diktiergerät, gedacht. Thomas Alva Edison (1847-1931) meldete ihn 1877 in London zum Patent an. Der erste Satz, den Edison aufzeichnen und wiedergeben

---

[204] Vgl. Karl Heinz Dettke, Kinoorgeln, Frankfurt a.M. o.J; Ders., Kinoorgel und Kinomusik, Stuttgart Meißen 1995. Interessant wäre im übrigen eine Untersuchung darüber, inwieweit und in welchen Stumm- und Ton-Filmen mechanische Musikinstrumente selbst vorkommen. So gibt es in der ansonsten unbedeutenden, oberflächlichen Filmkomödie "Die Umwege des schönen Karl" mit Heinz Rühmann von 1937, einem Spottfilm auf die Weimarer Republik, eine ausdrucksstarke Szene, in der zwei Drehorgelspieler mit "Schön ist die Jugend" und der "Rixdorfer-Polka" zum Tanz aufspielen.

[205] Vgl. H. Wahl, a.a.O., Bd. I, S. 5, hier auch Literaturangaben.

[206] a.a.O., II, S. 116. "Der Maschinenmann griff auf der Tastatur die ersten Akkorde der Ouvertüre, welche hießen: Ihr ganz Gehorsamster! Guten Morgen!"

[207] Vgl. oben S. 34

konnte, war die Anfangszeile des Kinderliedes: "Mary has a little lamb." Der Dichter Charles Cros (1842-1888), er gehörte im übrigen zum Freundeskreis um Paul Verlaine (1844-1896), Arthur Rimbaud (1854-1891), Stéphane Mallarmé (1842-1898)[207] und Eduard Manet (1832-1883), hat sein Parléophone parallel im selben Jahr erfunden. Es war das erste Gerät, das die Aufzeichnung und Wiedergabe von menschlicher Sprache und Musik ermöglichte.

> Comme les traits dans les camées
> J'ai voulu que les voix aimées
> Soient un bien qu'on garde à jamais
> Et puissent répéter le rêve
> Musical de l'heure trop brève
> Le temps veut fuir, je le soumets[208].

Charles Sumner Tainter von den Bell-System-Laboratorien ersetzte die Zinnfolie auf dem Zylinder durch eine Wachsschicht und erhielt für sein Graphophone 1886 ein Patent. Seit 1912 fand Zelluloid Verwendung.

1887 stellt Emile Berliner (1851-1929) das Gramophone vor, ein Platten-Abspielgerät für Musikstücke. Statt der Tiefenschrift wird hier die Seitenschrift verwendet. Der Stichel gräbt die Laute nicht unterschiedlich lang und tief, sondern er schlägt seitlich aus. Der Markt entschied für Berliners Grammophon und die Schellackplatte. Diesem Siegeszug war die Deutsche Grammophon Gesellschaft (1898) mit Sitz in Hannover verbunden. "Nipper" (Bristol, 1884-1895) wurde seit 1909 zum Markenzeichen. Der wahrscheinlich prominenteste Hund der Welt "is listening to his master's", Eldrige Johnson's, "voice in front of his improved gramophone". Der Erfolg der Platte veranlaßte Edison ab 1903, seine Produktion auf Plattenspieler auszuweiten. Der letzte Zylinder wurde 1929 veröffentlicht.

Johannes Bobrowski (1917-1965) erzählt vom Grammophon:[209]

"Hier ist man so schön im Wald. Ambrassat holt das Grammophon heraus und zieht es auf und steckt die Kurbel wieder in die Tasche. Jetzt geht die Musik los, Lützows wilde, verwegene Jagd, vom Berliner Lehrergesangverein auf beunruhigende Weise vorgetragen. Die tiefen Stimmen, die da ganz unten herumgurgeln

---

[208]   Wie das Anlitz in den Gemmen
          Wollt ich, daß geliebte Stimmen
          Nimmermehr enteilen können,
          Flücht'ge Träume der Musik
          Stets auf's neue sich wiederholen
          Und die Zeit zum Bleiben zwingen.
                    (Zitat und Übersetzung: H. Wahl, a.a.O., I, S. 57)

[209] Lobellerwäldchen. In: Johannes Bobrowski, Boehlendorff und Mäusefest. Erzählungen. 2. Aufl., Berlin 1966, S. 73 - 81, S. 73-75.

v.l.n.r.: Grammophon The Coliseum, englisches Fabrikat um 1910, Phonograph Le Menstrel (grün), Fa. Pathé um 1900, Phonograph Nymphe, Georges Carette, Nürnberg um 1910.
Foto: Roland U. Neumann

und auf einmal samtweich werden, weil es höher hinaufgeht, mit denen kommt man ja mit, aber diese Tenöre, wie machen die das, das so ganz oben, na ich weiß ja nicht. Und überhaupt dieses Grammophon. Ambrassats Schwiegervater, der verstorbene Lehrer Fett, hat es im Jahr 93 von der Chicagoer Weltausstellung mitgebracht. Er war da nämlich hingefahren, über den Atlantik, und tatsächlich zurückgekommen. Da hatte er die restlichen dreißig Jahre zu erzählen gehabt. Ambrassat hält es gut unter Öl, jeder außer ihm bedreckt sich, wenn er es anfaßt. Ambrassat bedient es auch ganz allein. Hat er dem Schwiegervater, als der sein Testament aufsetzte, in die Hand versprochen. Aber es lohnt ja auch, nicht wahr. Noch besser wäre es, wenn die Platten länger spielten, doch der Apparat ist nicht so besonders groß, er schaffte es vielleicht nicht. Immerhin, ein stabiler Kasten aus Holz, in die Seitenwände sind Glasscheiben eingelassen, da sieht man den Klappmatismus, wie Ambrassat sagt. Er geht ganz gleichmäßig langsam, die Geschwindigkeit kommt durch die Übersetzung, sagt Ambrassat. Auf einer der Platten singt der bekannte Caruso Afrikanisches von Meyerbeer. Und der Ton kommt aus dem grünen Blechtrichter, der sich großartig über dem Kasten erhebt. Stundenlang könnte man zusehen, wie alles funktioniert. Und wenn man schon ein Stück die Waldlichtung hintergegangen ist und den Fluß sehen kann, die Szeszupe, die sich bekanntlich erst hinter Leneningken und bei Lobellen noch längst nicht mit der Memel vereinigt, hat man die Musik sehr angenehm im Rücken, den Lindenbaum oder O Täler weit, o Höhen. Dann denkt man, daß es hier ein Land ist wie Musik."

Seit 1948 wurde der Schellack durch Vinylkunststoff ersetzt. Die Schallplatte wurde mit dem digitalen Aufnahme- und Abspielverfahren Anfang der 1980er Jahre vom Markt verdrängt.

Genannt sei schließlich ein Abspielgerät, das von dem Porzer Ingenieur Dr. Karl Daniel in den 30er Jahren entwickelte und 1936 vorgestellte Tefifon. Es zeichnete sich gegenüber der Schallplatte durch ein Schallband (Möbiusschleife) und durch seine Spieldauer von etwa 4 Stunden aus.

Schließen wir das Kapitel mit einem Gedicht von Max Dauthendey (1867-1918):

Die Dame und das Grammophon

> Einmal, in der Sommerfrische,
> Stand auf einem Gasthaustische
> Schön poliert ein Grammophon,
> Dieses hatte Menschenton.
>
> Prächtig schrie sein Blechzylinder.
> Solches lockt zuerst die Kinder,
> Doch auch Damen ist Geschrei
> Nicht so gänzlich Einerlei.
>
> Manche stand mit langem Halse
> An dem Trichter und der Walze.
> Denn nicht jeder sieht gleich, wie
> Vor sich geht die Melodie.
>
> Keiner glaubt von diesem Dinge,
> Daß es Stimmen fertig bringe,
> Niemand gar vermutet hätt',
> In dem Dinge ein Quartett.
>
> Ist' ne Nummer abgelaufen,
> Darf man sich' ne andre kaufen.
> Und weil es die Walze kann,
> Kommt auch ein Tenor daran.
>
> Der Tenor brüllt aus dem Trichter,
> Und verzückt sind die Gesichter.
> Manche Dam' hätt's gern heraus,
> Wie sieht wohl der Tenor aus!

Und mein Gott, wer hätt's erwartet!
Schicksale sind abgekartet!
Eine Dame – das kommt vor –
Wird besessen vom Tenor.

Ach, er singt so unverfroren
Sich ins Herz ihr und die Ohren.
Aus der Walze, die sich schiebt,
Singt ein Mann, den's nicht mehr gibt.

Ihn, der einst hineingeschrieen,
Möcht' die Dame an sich ziehen;
Und die Dam', mit einem Wort,
Geht nicht mehr vom Trichter fort.

Ach, total tut sie erwarmen,
Möcht' den Trichter fest umarmen,
Endlich kauf sie's Grammophon.
Hätt' sie nur was mehr davon!

Aber ich darf's nicht verhehlen,
Sie tat nur die Nachbarn quälen.
Kaum kam der Tenor ins Haus,
Stirbt ein jedes Stockwerk aus.

Und auch sie wär' dran gestorben,
Wär's Gehör nicht erst verdorben.
Jetzt ihr's nicht mehr schaden kann,
Denn sie wurde taub daran.

Doch weil sie nicht blind, die Tauben,
Schraubt sie weiter an der Schrauben,
Schont auch gar nicht den Tenor,
Bis er seine Stimm' verlor.

Wenn sich auch die Walzen drehen,
Kein Tenor tut mehr entstehen;
Denn das Grammophon, das hat
Endlich mal die Sache satt.

Nur die Dam' ist noch vorhanden.
Und nach Jahren noch, da fanden
Wir sie an dem Grammophon
Horchend und verzückt davon.

Keiner könnt' es ihr beibringen,
Daß die Walzen nicht mehr singen.
Trotz sie taub auf jedem Ohr,
Hört sie heut' noch den Tenor.

Hinweise zur zeitgenössischen mechanischen Musik

Musikautomaten sind, unbeschadet alles Mechanischen, nicht unbelebte, seelenlose Apparate, die aus sich heraus unpersönlich Töne von sich geben und so "in der Musik die Musik" vernichten. Sie sind nicht "der erklärte Krieg gegen das geistige Prinzip"[210]. Selbstspielende Musikinstrumente und ihre Musik sind anderen Techniken der Konservierung von Musik und ihrer Wiedergabe bis auf diesen Tag überlegen. Mechanische Musikwerke sind mehr als bloße Wiedergabegeräte. Es erklingen wirkliche Instrumente. Wir hören Musik, von Menschen vergangener Zeiten eingegeben, programmiert oder eingespielt. Zudem sind mechanische Musikinstrumente mehr als nur Musikspeicher. Sie wurden auch als Instrumente mit besonderen Spielmöglichkeiten und entsprechenden Kompositionstechniken erkannt, wie wir etwa in den Fällen der Flötenuhren oder des Selbstspielklaviers sahen. Bela Bartok (1881-1945) etwa zollte dem durchaus Respekt. Allerdings fragt er in einem Aufsatz über mechanische Musik aus dem Jahr 1937, wer denn immer dieselbe Interpretation zu hören wünsche?
In Abgrenzung von der mechanischen Alltagsmusik der Drehorgeln und Orchestrione hat die zeitgenössische Musik das mechanische Musikinstrument wiederentdeckt. Stellvertretend seien hier Colon Nancarrow (1912-1997), György Ligeti (*1923) oder Karlheinz Stockhausen (*1928) genannt. Von Colon Nancarrow stammt der Ausspruch: "Nun, seit ich Musik schreibe, träume ich davon, die Interpreten loszuwerden." Seine erste Komposition für player piano (1949) wurde als "Rhythm Study No. 1" 1951 veröffentlicht. In den folgenden Jahrzehnten legte er numeriert seine "Studies for Player Piano" vor. György Ligeti, von den "Studies" beeindruckt, ließ seine Klavieretüden No.1,3 und 7-13 für das selbstspielende Klavier übertragen. Pierre Charial bearbeite diverse Kompositionen Ligetis für seine 42er Odin-Drehorgel. Karlheinz Stockhausen schrieb "Musik im Bauch" für 6 Schlagzeuger und Spieluhren (1974) und den "Tierkreis - 12 Melodien für Spieluhren" (1975). Hans Werner Henze (*1926) teilt zu Jean

Cocteaus "Le fils de l'air ou l'enfant changé en jeune homme" mit[211]: "Es ist alles tanzbar gedacht, auch komponierbar. Da müßte man es dann wohl mit ganz schaurigen Klängen versehen, die auffliegen können und in Naturgeräusche übergehen. Auch Leierkasten, elektrische Klaviere und der ungeheuerliche Klang von Kirchweih-Karussels werden womöglich erforderlich sein." "Mein blaues Klavier" (1969/1970), ein Stück für Orgel, Drehorgel und Maultrommel, komponierte Juan Allende-Blin (*1928). Marius Constant schrieb 1988 für Pierre Charial ein "Konzert für Drehorgel und Orchester". 1997 legten Detlev Glanert (*1960), Peter Michael Hamel (*1947), Steffen Schleiermacher (*1960), Gerhard Stäbler (*1949) und Jörg Widmann (*1973) im Auftrag des Siemens Kulturprogramms Kompositionen für historische Jahrmarktorgeln vor. Die Uraufführung fand 1997 in Magdeburg statt.[212] "Musik für Drehorgel, Piano, Tuba, Kontrabaß und Schlagzeug" hat die Schweizerin Sylvie Courvoisier (*1969) komponiert und mit Pierre Charial realisiert. Sie bezieht sich auf Colon Nancarrow, György Ligeti, Alfred Schnittke (1937-1998) und Karlheinz Stockhausen[213].

Abgesehen von diesen Beispielen zeitgenössischer Musik erfreut sich die alte Drehorgel mit ihren Leierkastenklängen neuer Beliebtheit, wenngleich wirklich historische Instrumente etwa bei den vielen Drehorgelfesten im Lande, das erste fand 1973 in Hannover statt, heute nur selten zu hören sind.

Vom Sammeln und Zeigen

Das vorliegende Buch, selbst ein Sammlerwerk, erzählt auch, ohne daß bisher darauf abgehoben wurde, vom Sammler und seiner Sammlung „Alles andere als Alltag. Die heitere Welt der mechanischen Musik."

Sammeln kann zu einer unbändigen Leidenschaft geraten. Woraus sich die unter Beweis gestellten Energien speisen, das Ziel einer aufwendigen Kollektion zu verfolgen, mag, je nach Betroffenheit, seine eigenen Begründungen finden. Sammeln ist nicht nur Suchen und Finden, Habenwollen und Haben, nicht nur gleichsam im Gegenzug Verzicht auf Dinge, die anderen von Wert sind. Sammeln bedeutet, viel zu reisen, Ausstellungen, Museen, Auktionen und Sammlerbörsen zu besuchen. Sammeln bedeutet, an keinem Trödlerladen vorbeigehen zu

---

[210] vgl. E.T.A. Hoffmann, Die Automate, 1814
[211] Reiselieder mit böhmischen Quinten. Autobiographische Mitteilungen 1926-1995, Frankfurt a.M. 1996, S. 234.
[212] vgl. CD: MECHANIC Historische Jahrmarktorgeln - Neue Kompositionen, TalkM 1008
[213] vgl. CD: OCRE, enja 9323

Der Sammler

können. Sammeln bedeutet auch, Lehrgeld zu zahlen, Lehrgeld beim Reparieren, Restaurieren. Sammeln bedeutet Aufheben, Pflegen, Bewahren. Sammeln bringt Fachwissen und Erlebnisse, Erinnerungen mit sich. Sammeln bedeutet Kontakte zu suchen und Gleichgesinnte, Freunde zu finden, Freunde und Freude auch im Verein[214]. Sammeln bereitet Freude. Dafür mag als Beleg die Feststellung von Paul Bocuse, des Kochs und Eigentümers einer bemerkenswerten Kollektion von selbstspielenden Musikinstrumenten, dienen: "Diese Sammlung von mechanischen Orgeln hat mir die größten Freuden meines Lebens verschafft."
Eine Sammlung liefert Bestätigung durch das Bewußtsein einer Aufgabe. Anerkannt leisten Sammler Kulturarbeit[215]. Zu beobachten bleibt allerdings auch, daß sich der Sammler mit seiner Sammlung selbst exponiert. Sammler und Jäger sollen unsere Urvorfahren gewesen sein. Freilich geht es bei unserem Gegenstand nicht um ein Sammeln von Verbrauchbarem, um eine "Ökonomie des Verschwindens", sondern um eine "Ästhetik des Bewahrens"[216]. Ein Aufbewahrer, aber doch mehr als ein bloßer Ansammler, war ich schon in Kindertagen. Da baute ich, wenn meine Eltern verreisten und die zahnärztliche Praxis geschlossen war, im Wartezimmer in Zittau in der Bahnhofstraße unter mehr oder weniger bewußten Leitbegriffen des mir sonderbar Scheinenden mein "Museum" auf: ein Sammelsurium vom "historischen Räucherkerzl", über alte Zinnsoldaten, ein Andachtsbuch des 17. Jahrhunderts, eine Tonscherbe, ein Steinmesser, die ich für vorzeitlich hielt, eine alte Brosche, die ich als antiken Togahalter zu erkennen meinte. Manches hatte meine Großmutter beigesteuert. Eine Aktie von 1877, eine Aktphotographie der Jahrhundertwende hatten sich auf dem Boden oder

Speicher gefunden. Mineralien schenkte mir ein Freund meines Vaters. Und der Besuch im Zittauer Stadtmuseum, allsonntäglich, festigte meine Leidenschaft und förderte das freilich uneinholbare Ideal der Vervollkommnung einer Sammlung, das wohl jedem leidenschaftlichem Sammler eigen ist und von Mark Twain (1835-1910) in seiner Erzählung "Die Echosammlung" parodiert worden ist[217]. Manches davon, vor allem meine Sammelleidenschaft, hat sich über die Zeiten gerettet. Später sammelte ich Bücher, vorrangig des 18. und 19. Jahrhunderts, theologischen und philosophischen Inhalts. Hinterglasbilder kamen dazu. Dann fand ich mein Gebiet, das der tönenden Kuriositäten[218], begleitet von der Freude, einen Teil dieser Instrumente, die Drehorgeln, dort vorzustellen, wo sie ursprünglich ihr Publikum hatten, auf der Straße. Das Thema ist

---

[214] wie dem Club Deutscher Drehorgelfreunde e.V. (CDD). Gedanklicher Gründer dieses Vereins, der heute (1999) über 900 Mitglieder aus 14 Nationen hat, war der Hamburger Schausteller Hermann Ottens, der sich 1969 mit zwölf anderen in der Gaststätte des Hauptbahnhofs in Hannover mit dem Ziel traf, etwas für den Erhalt der großen Kirmesorgeln zu tun. Danach sind im deutschsprachigen Raum weitere Vereine entstanden wie die Gesellschaft für selbstspielende Musikinstrumente (GSM) 1975, die Internationalen Drehorgelfreunde Berlin e.V 1987, der Schweizer Verein der Freunde mechanischer Musik (SFMM) 1979. Aber auch in anderen Ländern gibt es wichtige Vereinigungen, in den Niederlanden etwa den Kring van Draaiorgelvrienden (KDV) 1954, die Nederlandse Pianola Vereiniging (NPV) und die Nederlandse Orgel Federatie (NOF), in Frankreich die association des amis des instruments et de la musique méchanique (AAIMM) 1975, in England die Fair Organ Preservation Society (FOPS) und die Musical Box Society of Great Britain (MBSGB), in den USA die Automatic Musical Instrument Collectors Association (AMICA) 1964 sowie die Musical Box Society International (MBSI) 1966.

[215] Die großen Musikinstrumentensammlungen des 19. Jahrhunderts entstanden im Zuge der Wiederentdeckung der alten Meister: Wien 1814, London 1857, Paris 1861, Brüssel 1872, München 1881, Berlin 1888. Das mechanische Musikinstrument fand im wesentlichen breitere museale Beachtung in privaten und öffentlichen Sammlungen erst seit Ende der 60er Jahre des 20. Jahrhunderts.

[216] Vgl. zu dieser Unterscheidung: Manfred Sommer, Sammeln. Ein philosophischer Versuch. Frankfurt am Main 1999, bes. S. 33ff.

[217] Die Echosammlung oder Die Geschichte des Stadtreisenden. In: Mark Twain, Adams Tagebuch, 2. Aufl., Zürich 1966, S. 7-21.

[218] mit dem Schwerpunkt auf Drehorgeln, wie dem Buch, schon von seiner quantitativen Gewichtung her, unschwer abzulesen ist.

[219] In den Nachkriegsjahren bastelten meine Eltern für mich einen Zirkus mit Zelt und Wagen, Artisten und Tieren. Jedes Jahr fand ich meinen Circus Bum im Weihnachtszimmer aufgebaut und immer waren neue Attraktionen das Entscheidende der Bescherung. Nach den Feiertagen wurde er dann wieder bis zum nächsten Christfest verpackt. Nachdem er dann mehr als drei Jahrzehnte in Kisten auf einem Speicher blieb, haben ihn meine Eltern zum Christfest 1988 restauriert. Heute ist er jährlich in der Weihnachtszeit in der Sammlung zu bestaunen.

[220] Verschiedene Drehorgeln der genannten Sammlung und Texte des vorliegenden Buches sind auf der CD "Leierkastenheiterkeit. Drehorgelklang und Poesie", Musikproduktion Wilfried Hömmerich, D-53027 Bonn Postfach 170103, Bestell-Nr. CD 3034, zu hören.

freilich keines der zwingenden Art. Doch ist diese Wahl nicht zufällig, denn:
> Niemals fehlt der Orgelton
> Bei der Jahrmarkts Feier,
> Orgelmann ich kenn dich schon
> Bringst die alte Leier;
> Drum geb ich dir zum Lohn
> Höchstens einen Dreier.

Jedenfalls begeisterte ich mich als Kind für den Jahrmarkt, seine Atmosphäre, seine Buden und Fahrgeschäfte mit ihren Groß- und Kleinorgeln, ebenso wie für den Zirkus, der gelegentlich, wie einstmals etwa der Schweizer National-Zirkus Knie und heute wieder der Zirkus Roncalli, auch mit Drehorgelklang erfreut.[219] Wie immer man mechanische oder selbstspielende Musikinstrumente definieren will und beurteilt, diese Musikwerke bieten dem unvoreingenommenen Besucher oder Zuhörer vor allem kleine, vergnügliche Musik mit einem besonderen Reiz in technischer wie ästhetischer Hinsicht. So wartet Die heitere Welt der mechanischen Musik" in erster Linie mit dem originalen, zugestanden gelegentlich etwas strapazierten und strapazierenden Klang vergangener und gelegentlich neuester Zeiten auf[220], zum Vergnügen des Sammlers, ihrer Damen und Herren Besucher und, nicht zu vergessen, der Kinder.

Schließen wir mit James Krüss!

An meinen Leierkasten
Anläßlich unseres zehnjährigen Jubiläums (1951-1961)

    Spiele, töne Leierkasten!
    Manche Leute bleiben stehn.
    Doch für die, die weiterhasten,
    Spiele, töne doppelt schön!

    Laß die Wolken ruhig ziehen,
    Laß den Regen Regen sein!
    Leierkasten-Melodien
    Schließen Sturm und Wetter ein.

    Laß die Auerhähne balzen,
    Laß dem Kuckuck sein kuckuck!
    Deine Leierkasten-Walzen
    Seien dir und mir genug!

    Wenn die Kritikaster gerne
    Kritikastern, halt dich still!
    Du hast Sonne, Mond und Sterne,
    Wenn kein andrer lauschen will.

    Spiel und lasse dich nicht hindern!
    Sing vergnügt im Lärm der Zeit!
    Schenk den Großen wie den Kindern
    Leierkasten-Heiterkeit!

V. Anhang

Literatur

Abeler, Jürgen, 5000 Jahre Zeitmessung dargestellt an den Uhren des Wuppertaler Uhrenmuseums und der J. u. G. Abeler Wanderausstellung, 2. erw. Aufl., Wuppertal 1978

Ders., Ullstein Uhrenbuch. Eine Kulturgeschichte der Zeitmessung; Frankfurt a.M./ Berlin 1994

Adlung, Jakob, Anleitung zur musicalischen Gelahrtheit. Erfurt 1758

Amstel, Eva van, Musik anno Tobak, in: Aus dem Museum für Kunst und Kulturgeschichte Goch, Heft 19, 03/1997, S. 10

Anders, Johann Daniel, Musikalisches Wörterbuch für Freunde und Schüler der Tonkunde, Berlin 1829

Andersen, Hans Christian, Märchen, Potsdam 1951

Arbeitskreis Kultur und Brauchtum Essen e.V. / Club Deutscher Drehorgelfreunde e.V. (Hg.), Die Drehorgel in der Grafik. Sonderausgabe o.O. o.J. (Bonn 1986)

Association des amis des instruments et de la musique méchanique, musiques méchaniques vivantes. Paris 1975ff

Baillie, G. H., Watchmakers and Clockmakers of the World, Vol. I, London o.J.

Bartok, Bela, Über die mechanische Musik. 1937

Baud, Fredy, Musee Baud. Musiques méchaniques anciennes, Luzern 1991

Baus, Werner, 1972 - 1997, 25 Jahre im Dienste selbstspielender mechanisch-pneumatischer Musikinstrumente, Katalog Kassel 1997

Ders., Die Bacigalupo Drehorgel aus der Uraufführung der Dreigroschenoper von 1928, Kassel 1998

Ders., Moritaten, Bänkelgesänge und Couplets, Küchen-, Volks- und Wanderlieder, o.O. o.J. (Kassel 1998)

Bemmann, Helga (Hg.), Immer um die Litfaßsäule rum. Gedichte aus sechs Jahrzehnten Kabarett. Berlin 1968

Bierbaum, Otto Julius, Gesammelte Werke, München o.J.

Blankenberg, Huub, Nationaal Museeum van speelklok tot pierement. Utrecht 1985

Bobrowski, Johannes, Boehlendorff und Mäusefest. Erzählungen. 2. Aufl. Berlin 1966

Ders., Der Mahner. Erzählungen. Berlin 1967

Bonhote, Daniel in Zusammenarbeit mit Frédy Baud, Als die Musikautomaten spielten. Von den Anfängen bis zur Karussellorgel, Lausanne 1972

Bopp, Ron, The American Carousel Organ. An Illustrated Encyclopedia. Ed. by Matthew Caulfield, Technical Editin Angelo Rulli, St. Cloud, MN o.J. (1998)

Bormann, Karl, Orgel- und Spieluhrenbau. Aufzeichnungen des Orgel- und Musikwerkmachers Ignaz Bruder von 1829 und die Entwicklung der Walzenorgel. Zürich 1968

Boutet, Frédéric, Der Mord des Amerikaners. In: Die Dame in Grün. Unheimliche Geschichten. München Wien 1971, S. 131-142.

Bowers, Q. David, Encyclopedia of Automatic Musical Instruments. 11. Aufl., New York 1991

Brandlmeier, Thomas, Vom Luxusartikel zum Kulturgut. In: Meisterwerke aus dem Deutschen Museum, Bd. II, hg. Vom Deutschen Museum Bonn, Bonn 1999, S. 36-39

Brauers, Jan, Museum für mechanische Musikinstrumente. Privatsammlung Jan Brauers. Baden-Baden o.J.

Ders., Von der Aeolsharfe zum Digitalspieler. 2000 Jahre mechanische Musik. 100 Jahre Schallplatte. München 1984

Brico, Bodo, Moritaten, Küchenlieder, Bänkelgesänge. St. Augustin 1995

Bruder, Andreas, A. Bruber (sic!), Notizbuch 1864, Photokopie (Original im Besitz der Familie Wintermantel, Waldkirch)
Buchner, Alexander, Handboek van de muziekinstrumenten. Zutphen 1985
Ders., Mechanische Musikinstrumente. Hanau/Main 1992
Büchner, Georg, Wozzeck. Ein Trauerspiel. Fragment. Hg. v. K.E. Franzos, Oktober 1878, Reprint Frankfurt a.M. 1987
Bürger, Gottfried August, Wunderbare Reisen und Abenteuer des Freiherrn von Münchhausen zu Wasser und Lande. Wie er diese bei einer Flasche im Zirkel seiner Freunde zu erzählen pflegte. Berlin 1955
Busch, Wilhelm, Eduards Traum, in: W. Busch: Summa Summarum, Berlin o.J., S. 86-103
Castell, Wolf, Zur Person. Zur Sache: Carl-Heinz Hofbauer, Göttingen o.J.
Chapuis, Alfred, Droz, Edmond, Les Automates des Jaquet-Droz, Neuchatel 1951
Ders., L. Cottier u. F. Baud, Histoire de la boite à musique et de la musique mécanique, Lausanne 1955
Charial, Pierre, György Ligeti und die Drehorgel. Begleittext zu: György Ligeti Edition 5, Sony 1997
CDD, Die Drehorgel. Mitteilungsblatt für Sammler und Freunde der mechanischen Orgel. Club Deutscher Drehorgelfreunde e.V., 1969ff
Dettke, Karl Heinz, Kinoorgeln, Frankfurt a.M. o.J.
Ders., Kinoorgel und Kinomusik, Stuttgart, Meißen 1995
(**Di Palma**, Roger), The Lost Street Museum, Ross-on-Wye, Herefordshire o.J.
Droysen-Reber, Dagmar u.a., Musikinstrumenten-Museum Berlin, Westermann's Reihe museum, München 1986
Duppel, Dietrich, Televisionen. Hg.: Polyphon Film- und Fernsehgesellschaft mbH, Hamburg 1998
(**Dussour**, Francoise), Maison de la Musique Mécanique de Mirecourt. o. O. (Mirecourt) o.J. (2000)
Eichendorff, Josef von, Aus dem Leben eines Taugenichts. 1826
Ehrenwerth, Manfrid: Klangwunder, Musikautomaten aus der Sammlung Jacobi. Krefeld 1993
Ders., Hast Du Töne. Grammophone und andere Abspielgeräte aus der Sammlung Jacobi. Krefeld 1996
Euler, Leonhard, Briefe an eine deutsche Prinzessin. 1761
Feldhaus, Franz Maria, Die Technik der Antike und des Mittelalters, in: Museum der Weltgeschichte, hg. v. Paul Herre. 2. Nachdruck der Ausgabe Potsdam 1931, mit Vorwort und Bibliographie von Horst Callies, in: Documenta Technica, Darstellungen und Quellen zur Technikgeschichte, hg. v. Karl-Heinz Manegold und Wilhelm Treue, Reihe I, Darstellungen zur Technik-geschichte, Hildesheim-Zürich-New York 1985
Fellini, Federico, Casanova. Drehbuch. Zürich 1977
Fischer, Klaus, Musik-Museum Burg Linz am Rhein. Sankt Augustin 1986
Flores, Else, Wege des Lebens. Gedichte aus dem niederrheinischen Alltag, Kamp-Lintfort 1989
Frati & CO., Preisliste No. 12. Berlin o.J.
Gebert, Johann, Werkstattprospekt, Merdingen (1998)
Geel, Catherine van, et Feron, Vinciane, avec la collaboratione de Philippe Roullé et d' Henri Triquet et de l' équipe de Automatia Musica Foundation, A. S. B.L., Invisible Musicians, Solibel Edition et Automatia Musica Foundation, Brüssel 1995
GSM, Das mechanische Musikinstrument. Journal der Gesellschaft für selbstspielende Musikinstrumente, 1975ff
Godwin, Joscelyn, Athanasius Kircher. Ein Mann der Renaissance und die Suche nach verlorenem Wissen. Berlin 1994
Goethe, Johann Wolfgang, Das Jahrmarktsfest zu Plundersweilern. Ein Schönbartspiel. 1788
Ders., Faust. Der Tragödie erster und zweiter Teil. Urfaust. Kommentiert von Erich Trunz. Hamburg 1963

Goldhoorn, Luuk, Die Östereichische Spielwerkemanufaktur im 19. Jahrhundert. Ein fast vergessener Zweig des Kunsthandwerks, o.O. o.J. (1999)

Grillparzer, Franz, Der arme Spielmann. Mit einem Nachwort von Emil Kast. Reclam- Universal-Bibliothek Nr. 4430, Stuttgart 1964

Haas, Walter/ Klever, Ulrich, Die Stimme seines Herrn. Eine Geschichte der Schallplatte. Frankfurt 1959

Haberbosch, Birgit Friederike, Lucy Dice und Henkeltöpfchen. Schöne alte Automaten. Mainz 1993

Hampe, Theodor, Fahrende Leute. Monographien zu deutscher Kulturgeschichte 1902, in: Arbeitskreis Kultur und Brauchtum Essen e.V. / Club Deutscher Drehorgelfreunde e.V. (Hg.): Die Drehorgel in der Grafik, Sonderausgabe, o.O., o.J. (Bonn 1986), S. 52 - 63

Hansen, Walter (Hg.), Sabinchen war ein Frauenzimmer. Moritaten und Jahrmarktlieder. München 1996

Haspels, Jann Jaap (Text), Musical Automata. Catalogue of automatic musical instruments in the National Museum 'From Musical Clock to Street Organ`, Translation of: Automatische muziekinstrumenten, Utrecht 1994

Heck, Wolfgang/ Metzger, Wolfram, Und ewig ticken die Wälder, Uhren aus Schwarzwaldstuben. Mit Textbeiträgen von Helmut Kahlert und Ulrike Schwarz, Karlsruhe 1995

Hein, Jörg / Polte, Wolfgang unter Mitarbeit von Horst Landrock, Uhren der Sammlung Landrock, München 1986

Henze, Hans Werner, Reiselieder mit böhmischen Quinten. Autobiographische Mitteilungen 1926-1995, Frankfurt a.M. 1996

Herder, Johann Gottfried, Werke, 5 Bände, hg.v. Theodor Matthias, Leipzig und Wien o.J.

Hindemith, Paul, Zur mechanischen Musik, in: Musikantengilde 5, 1927, S. 155

Hocker, Jürgen, Drehorgel, in: Die Musik in Geschichte und Gegenwart, 2., neubearbeitete Auflage, Sachteil 2, Kassel, Basel, London, New York, Prag, Stuttgart, Weimar 1995, Sp. 1513-1521

Ders., Mechanische Musikinstrumente, in: Die Musik in Geschichte und Gegenwart, 2., neubearbeitete Auflage, Sachteil 5, Kassel, Basel, London, New York, Prag, Stuttgart, Weimar 1996, Sp. 1710-1742

Hofbauer, Carl Heinz, Renaissance oder Revolution? 65 Jahre Orgelbaumeister Hofbauer - ein Stück deutscher Orgelbaugeschichte. Katalog der Fa. Hofbauer, Göttingen o.J.

(Ders.), Mechanische Musikwelt aktuell. Eine Zeitung für Freunde der Neuen Mechanischen Musikkultur, hg. Mechanisches Musikorchester, Göttingen 1988ff

(Ders.), Mechanische Musikwelt intern, Göttingen 1988ff

Hoffmann, Ernst Theodor Amadeus, Die Automate, 1814, in: E.T.A. Hoffmann, Die Serapionsbrüder, in: E.T.A. Hoffmann, Werke in zwei Bänden, Bd. II, München o.J., S. 328-355

Ders., Der Sandmann, in: Nachtstücke, Erster Theil, Berlin 1817, S. 1-82

Ders., Klein Zaches, genannt Zinnober. In: Horst Zander (Hg.): Märchen der Romantik, Berlin 1957, S. 263-378

Holzweissig, Ernst Nachf., Engros Preis Liste über Musikwerke. Leipzig 1892-93

Ders., Engros Preisliste über Musikwerke. Leipzig 1898

Hupfeld, Ludwig, Mechanische Musikwerke, Katalog Leipzig-Eutritzsch o.J. (ca. 1896), Nachdruck GSM (Weihnachtsgabe) 1997

Internationale Drehorgelfreunde Berlin e.V. (Hg.), Der Leierkasten, 1987ff

Irmen, Hans-Joachim, Gabriel Joseph Rheinberger als Antipode des Cäcilianismus, Regensburg 1970

Jäger, Heinz, Brommer, Wolfgang, Orgelbau, Kunsthandwerk mit viel Phantasie, Waldkirch o.J. (1997)

Janosch, Lügenmaus und Bärenkönig, Ravensburger Taschenbücher, Bd. 197, 1971

Ders., Der Räuber und der Leiermann. rororo rotfuchs, Reinbek bei Hamburg 1972

Jarofke, Dietmar (Hg.), Der Leierkasten. Ein Wahrzeichen Berlins. Berlin 1991

Jordan, Hanna, Führer durch das Musikinstrumenten-Museum Markneukirchen, Markneukichen o.J.

Jüttemann, Herbert, Mechanische Musikinstrumente. Einführung in Technik und Geschichte. Fachbuchreihe das Musikinstrument Bd. 45, Frankfurt/Main 1987

Ders., Schwarzwälder Flötenuhren. Waldkirch 1991

Ders., Waldkircher Dreh- und Jahrmarkt-Orgeln. Aufbau und Fertigungsprogramme. Waldkirch 1993

Ders., Figurenuhren aus dem Schwarzwald, Waldkirch 1998

Kalliope-Actiengesellschaft, Kalliope-Schatullen, Katalog 1905, Nachdruck, 1998, Weihnachtsgabe der GSM 1998

Kant, Immanuel, Prolegomena zu einer jeden künftigen Metaphysik, die als Wissenschaft wird auftreten können. Riga 1783, in: I. Kant, Schriften zur Metaphysik und Logik, in: I. Kant, Werke in zehn Bänden, hg.v. Wilhelm Weischedel, Bd. 5, Darmstadt 1968, S. 109-264

Klabund (Alfred Henschke), Der Leierkastenmann. Volkslieder der Gegenwart gesammelt und hier zum erstenmal veröffentlicht von Klabund, Berlin 1917

Ders., Die Harfenjule. Berlin 1989

Kleist, Heinrich von, Über das Marionettentheater. 1810

Klotz, Hans, Das Buch von der Orgel (1938), 10. erweiterte und überarbeitete Aufl., Kassel 1988

Koninklijk Zeeuwsch Genootschap der Wetenschappen (Hg.), Zeeland 2000. Lering en Vermaak. Middelburg 1999

Kohlhaas, Wolfang / Kubisch, Hans, Alarm im Zirkus. Literarisches Szenarium zu einem Kriminalfilm. Berlin 1954

Kosok, Lisa, Jamin, Mathilde (Hg.), Viel Vergnügen. Öffentliche Lustbarkeiten im Ruhrgebiet der Jahrhundertwende. Essen 1992

Kowar, Helmut, Mechanische Musik. Eine Bibliographie und eine Einführung in systematische und kulturhistorische Aspekte mechanischer Musikinstrumente. Wien 1996

Krafft, Barbara u.a., Traumwelt der Puppen, München 1992

Krause, Hanns, Löwenspuren in Knullhausen. Feldberg / Mecklenburg 1949

Kremer, Hanna, Moritaten. München 1941

Kring van Draaiorgelvrienden, Het Pierement, 1954ff

Krüss, James, Der Leierkasten-Jan aus Amsterdam. München 1957

Ders., Der wohltemperierte Leierkasten. 12 mal 12 Gedichte für Kinder, Eltern und andere Leute. Mit einem Nachwort von Erich Kästner, Gütersloh 1961

Ders., Dass., überarbeitete Neuausgabe, München 1989

Ders., Der Sängerkrieg der Heidehasen. Ein Hörspiel für groß und klein von James Krüss. Musik: Rolf Wilhelm. Schallplattenaufnahme: Marcato 38267 I Stereo, Reinhard Mohn OHG, Gütersloh o.J.

Ders. (Hg.), So viele Tage wie das Jahr hat. 365 Gedichte für Kinder und Kenner. München o.J.

Krug, Klaus (Hg.), Der Leierkasten in Wort, Bild und Ton. Eine Ausstellung rund um den Leierkasten. Berlin-Spandau vom 19. Mai bis 5. Juli 1997, 2. Aufl., Internationale Drehorgelfreunde Berlin e.V. 1997

Kuhn, Helmut, Ordnung, in: H. Krings, H.M. Baumgartner, Chr. Wild (Hg.), Handbuch philosophischer Grundbegriffe, Bd. 4, München 1973, S. 1937-1050

Lermontow, Michail, Eine unvollendete Novelle. In: M. Gregor-Dellin (Hg.), Die große Gespenstertruhe, München 1978, S. 501-518

Lichtenberg, Georg Christoph, Briefe, in: Schriften und Briefe, 4 Bände. Hg. v. Wolfgang Promies, Bd. 4, München 1967

Lilienkron, Detlev von, Gedichte. Stuttgart 1983

Luther, Martin, Ausgewählte Werke, Bd. 3, Tischreden, München 1963

Mahlsdorf, Charlotte von (Lothar Berfelde), Ich bin meine eigene Frau. Ein Leben. Hg.v. P. Süß mit einem Fotoessay v. B. Peter, dtv 12061, 1995

Ders., Ab durch die Mitte. Ein Spaziergang durch Berlin, dtv 1490, 1997

Mann, Thomas, Buddenbrooks. Verfall einer Familie. (1922), Fischer Bücherei Bd. 661/662, Frankfurt und Hamburg 1965

Marini, Marino, Guida introduttiva agli strumenti musicali meccanici. Collezione Marino Marini. Ravenna o.J.

May, Karl, Der Mir von Dschinnistan, Radebeul o.J.

McElhone, Kevin, Mechanical Music. Shire Album 333, Buckinghamshire 1997

Metzger, Wolfram und **Kreiss**, Jakob, Drehorgeln schaurig-schön, Karlsruhe 1994

Metzger, Wolfram, Musikautomaten. Ein Führer durch das Museum Mechanischer Musikinstrumente Sammlung Jan Brauers im Schloß Bruchsal, Karlsruhe 1995

Mörike, Eduard, Sämtliche Werke, hg. v. Rudolf Krauß, Leipzig o.J.

Morgner, Hans, Gruss vom Jahrmarkt und Schützenfest um die Jahrhundertwende auf alten Ansichtskarten. Paderborn 1985

Mühsam, Erich, Es war einmal ein Revoluzzer. Bänkellieder und Gedichte. Hg.v. Helga Bemmann. Reinbeck bei Hamburg 1978

Müller-Waldeck, Gunnar (Hg.), Unter Reu' und bitterm Schmerz, Bänkelsang aus vier Jahrhunderten, Rostock 1977

Munthe, Axel, Das Buch von San Michele. Leipzig 1931

Ders., Ein altes Buch von Menschen und Tieren, Leipzig 1934

Museum Boerhaave (Hg.), Boerhaavomatic. Automaten en robots in het Museum Boerhaave. Leiden 1999

Niederrheinisches Freilichtmuseum Grefrath, Altes Spielzeug. Sammlung H.G. Klein. Schriften des Museumsvereins Dorenburg e.V., Bd. 26, Köln 1979

Niemann, Heinz R., Ein Name und die Vielstimmigkeit. 1895-1995. Hundert Jahre Polyphon. Hg.: Polyphon Film- und Fernsehgesellschaft mbH, Hamburg 1995

Nietzsche, Friedrich, Unzeitgemäße Betrachtungen. Mit einem Nachwort von Alfred Baeumler, 6. Auflage, Kröners Taschenausgabe Bd. 71, Stuttgart 1976

Nötzoldt, Fritz (Hg.), Krokodilstränen. Parodistische Bänkelballaden und Moritaten-Lieder, Gesammetl von Fritz Nötzold, Fischer Bücherei1154, Frankfurt am Mai und Hamburg 1970

Noever, Peter (Hg.), Spielwerke. Musikautomaten des Biedermeier aus der Sammlung Sobek und dem MAK. Wien 1999

Nussbaumer, Paul, **Wegmann**, Heinz, Amadeo Orgelmann, Zürich 1984

Opernhaus Halle (Hg.), Lieber Leierkastenmann. Ein Rückblick auf das alte Berlin mit Walter und Willi Kollo. Programmheft Opernhaus Halle, 1999

Ord-Hume, Arthur W.J.G., The Musical Clock. Musical & Automaton Clocks & Watches. Mayfield Books, o.O. (1995)

Petschat, Joachim, Aus Gohliser Geschichte. Gohlis einmal anders - aus seiner klingenden Geschichte, in: Gohliser Stadtteilzeitung für Gohlis, 6. Jg. Nr. 8/1998, S. 7

Ders., Die Dame mit dem Siegerkranz, vergangen, aber nicht vergessen. In: Viadukt. Die Bürgerzeitung für Möckern und Wahren, Nr. 40, Juni 1999, S. 11

Petzold, Hartmut, Ein künstlicher Mensch. In: Meisterwerke aus dem Deutschen Museum, Bd. II, hg. vom Deutschen Museum Bonn, Bonn 1999, S. 52-55

Petzoldt, Leander, Bänkellieder und Moritaten aus drei Jahrhunderten. Frankfurt 1982

Philipps, Philipps Pianella-Orchestrions, Elektrische Klaviere, Reproductions-Klaviere, Pianetta-Walzenwerke, (1911/12), Nachdruck 1993

Pohlenz, Günter, Die Kinoorgel, in: Triangel. Ein Radio zum Lesen. 4. Jg., Leipzig 1999, Heft 2, S. 18-23; Heft 4, S. 42-47

Polyphon-Musikwerke A.G., Polyphon Saiten-Instrumente, Wahren b. Leipzig 1907, Nachdruck 1994

Protz, Albert, Mechanische Musikinstrumente, in: Die Musik in Geschichte und Gegenwart, Bd. 8, Kassel, Basel, London, New York 1960, Sp. 1868-1880

Pyck, Robert, Verzeichnis der Ariston Platten, Typoscript, Frechen 1998

Quolka, Rudolf: Hornwerke, in: Die Musik in Geschichte und Gegenwart, Bd. 8, Kassel, Basel, Berlin, New York 1960, S. 1880-1881

Raeburn, Michael/ **Kendall**, Alan (Hg.), Geschichte der Musik. Aus dem Englischen von Günther Kirchberger. Vier Bände, München 1993

Rambach, Hermann/ **Wernet**, Otto, Waldkircher Orgelbauer. Zur Geschichte des Drehorgel- und Orchestrionbaus. Kirchenorgelbauer in Waldkirch. Waldkirch 1984

Reichardt, Dieter, Tango. Verweigerung und Trauer. Kontexte und Texte. Suhrkamp Taschenbuch 1097. Frankfurt a. M. 1984

Reichardt, Evelis, Dreh Orgel Dreh, Lyrik und Prosa von Evelis Reichardt, Moritatensängerin, Baden-Baden o.J. (1997)

Reuge, Reuge Music. 1994-1995

Rheinisches Freilichtmuseum Kommern / Landschaftsverband Rheinland, Einfach Klasse! Spielzeugsammlung H.G. Klein. Köln o.J.

Richter, Jean Paul, Palingenesien. Jean Paul's Fata und Werke vor und in Nürnberg. Zwei Bändchen, in: Jean Paul's sämmtliche Werke, XVIII, Vierte Lieferung, Dritter Band und XIX, Vierte Lieferung, Vierter Band, Berlin bei G. Reimer 1826

Riemann Musik Lexikon, Sachteil, Art. Musik, Art. Mechanische Musikwerke, Mainz 1967, S. 550- 551

Rilke, Rainer Maria, Die Aufzeichnungen des Malte Laurids Brigge. insel taschenbuch 2565, Frankfurt a.M. und Leipzig 1999

Ringelnatz, Joachim, Und auf einmal steht es neben Dir. Gesammelte Gedichte. Berlin 1980

Römer, Willy, Leierkästen in Berlin 1912-1932. Berlin 1983

Saluz, Eduard C., KlangKunst, 200 Jahre Musikdosen, Sonderausstellung des Schweizerischen Landesmuseums 18. Juli bis 27. Oktober 1996, Schweizerisches Landesmuseum, Bundesamt für Kultur, Zürich 1996

Ders., Neuheiten. Musikdosen und Automaten, in: Die Lupe, PTT, Juli 1996

Sammler Journal, Journal-Verlag Schwendt GmbH, Schwäbisch Hall, 1971ff

Sauerbruch, Ferdinand, Das war mein Leben., Goldmanns Gelbe Taschenbücher, Band 1823/24, München o.J.

Schaaf, Berthold, Schwarzwalduhren, 3. Auflage, Karlsruhe 1995

Scharinger, Franz. M., Walter, Susanne, Uhrenmuseum Wien. Wien o.J.

Scheffler, Ursel, Kommissar Kugelblitz. Der lila Leierkasten. Dreizehn Ratekrimis. München o.J. (1999)

Schellenberg, Otto, Die Pasimusik oder das Hermanspiel. Bekanntmachung der vor einigen Jahren angekündigten Freuden-Erfindung. Ein Versuch. Göttingen 1811

Scherle, Dorothea und Peter, Moritaten – schaurig schön. Ein Wettbewerb in Waldkirch. Zum Jubiläum 200 Jahre Orgelbau 1999. Eine Broschüre der Waldkircher Drehorgelfreunde zusammengestellt von Dorothea und Peter Scherle, o.O. o.J. (Waldkirch 1999)

Schetelich, M., Sharmanka. The World of Eduard Bersudsky's Kinemats, Leipzig o.J. (1994)

Schifferli, Peter (Hg.), Kleiner Drehorgelgruß. Nachruf in Wort und Bild auf die verklungene Welt der Leierkasten, der Strassenmusikanten und Drehorgelmänner, Zürich o.J. (1968)

Schnurre, Wolfdietrich, Als Vaters Bart noch rot war. Ein Roman in Geschichten. (1958), Neuausgabe Berlin 1996

Schönberg, Arnold, Mechanische Musikinstrumente, in: Pult und Taktstock, 3, 1926, S. 71-75

Schoppe, Amalia, Hundert kleine Geschichten. Das allerliebste Buch für gute kleine Kinder. Mit 50 colorierten Abbildungen. Wesel o.J.

Schuhknecht, Peter Georg, Fritz Wrede und der Drehorgelbau in Hannover. Geschichte der Erfindungen Hannoverscher Unterhaltungs- und Musikautomaten, Hannover o.J.

Schukowski, Manfred, Die Astronomische Uhr in St. Marien zu Rostock. Unter Mitarbeit von Wolfgang Erdmann und Kristina Hegner, Königstein im Taunus 1992

Schulze Smidt, B., Jahrmarkts-Zauber, in: Das goldene Kinderbuch. Kurzweilige Erzählungen und Schwänke. Reutlingen o.J., S. 395-408

Schwarz, Ulrike, Mechanische Musikinstrumente, Deutsches Uhrenmuseum Furtwangen, Furtwangen o.J.

Schweizerischer Verein der Freunde mechanischer Musik (SFMM), Informationen, 1979ff

Seidel, Heinrich, Gesammelte Schriften, XI. Band, Neues Glockenspiel. o.O., O. J.

Simon, Ernst, Mechanische Musikinstrumente früherer Zeiten und ihre Musik, Wiesbaden 1980

Sommer, Manfred, Sammeln. Ein philosophischer Versuch. Frankfurt am Main 1999

Soriano, André, Mechanische Spielfiguren aus vergangenen Zeiten. Text von Antoine Battaini u. Anette Bordeau. Editions A. Sauret et Musée National de Monaco 1985

Staatliches Institut für Musikforschung, Preußischer Kulturbesitz, Musikinstrumenten-Museum Berlin, Loseblattsammlung, Berlin 1981ff

Steguweit, Heinz, Leiermann und Fiedelbogen. Neue Erzählungen. Wiesbadener Volksbücher Nr. 272, Stuttgart 1941

Stichting Kunst Expo, Brüssel, Automaten, Katalog der Ausstellung Gent und Brüssel 1995

Stolberg, Lukas, Ich trage, wo ich gehe, stets eine Uhr bei mir. Die Taschenuhr im Wandel der Zeit. Klagenfurt 1980

Stukenbrok, August, Illustrierter Hauptkatalog 1912, Einbeck 1912, Reprint Hildesheim/Zürich/New York 1996

Ders., Illustrierter Hauptkatalog 1915, Einbeck 1915, Reprint Hildesheim/Zürich/New York 1998

Ders., Illustrierter Hauptkatalog 2 1926, Reprint Hildesheim/New York 1977

Technik-Museum Speyer, Sammlung mechanischer Musikinstrumente aus den Technik-Museen Speyer und Sinsheim. Marine-Museum Speyer, Redaktion Bernd Dietz und Hans-Jürgen Schlicht, 1996

Taylor, Kerry, Puppen. Ratgeber für Liebhaber und Sammler, Erlangen 1995

Toch, Ernst, Musik für mechanische Instrumente, in: Neue Musik-Zeitung, 47, 1926, S.431-434

Thoma, Willi, Faszination, Karussell- und Wagenbau, 200 Jahre Heinrich Mack Waldkirch, Waldkirch 1988

Timmermans, Felix, Pallieter. Aus dem Flämischen übertragen von Anna Valeton-Hoos. Wiesbaden 1995

Trottmann, Kajo, Laut und deutlich. Kirmesorgeln aus Düsseldorf. Stadtmuseum Düsseldorf. 1. Oktober 2000 -14. Januar 2001, Düsseldorf 2000

Twain, Mark, Adams Tagebuch, 2. Aufl. Zürich 1966

Ullmann, Edmund, Moritaten, Moritaten!, Wahre, erschröckliche Begebenheiten einem verehrlichen Publico zur Belehrung ediert durch Edmund Ullmann und gar kunstfertig niedergeschrieben und zum allgemeinen Verständnis in Bildern aufgezeichnet, dazu mit singbaren Noten versehen von Erik (H.E. Köhler), Reichenberg 1943

Ury, Else, Nesthäckchen und ihre Puppen. Eine Geschichte für kleine Mädchen. (1910), Düsseldorf 1957

de Vries, Johan, Kistdraaiorgel. Bouwbeschrijving. AJ Ijsselstein 1990

Waard, Romke de, Draaiorgels, Alkmaar 1996

Wagner, Richard, Ein deutscher Musiker in Paris. 1841

Wahl, Horst, Die Chronik der Sprechmaschine. 4 Bände, hg. von Hansfried Sieben, Düsseldorf, Bd. I, 1986, Bd. II, 1987, Bd. III, 1988, Bd. IV, 1989

Weber, Carl Maria von, Der Trompeter, eine Maschine von der Erfindung des Mechanicus Herm. Friedrich Kaufmann in Dresden. In: Allgemeine musicalische Zeitung, 14. Jg. (1812/1813), Sp. 663-666

Weber, Franz, Die schönsten Moritaten und Küchenlieder, ausgewählt von F. Weber, o.O. o.J.

Weber, Gebr., Orchestrion-Catalog. Waldkircher Orchestrionfabrik Gebr. Weber G.m.b.H., Nachdruck der Gesellschaft für selbstspielende Musikinstrumente e.V., 1995

Weiss-Stauffacher, Heinrich und Bruhin, Rudolf, Musikautomaten und mechanische Musikinstrumente. Zürich 1975

Weiss, Heinrich, Schaffen, Bauen und Erfinden. Vom Mechaniker zum größten Musikautomaten-Sammler der Welt. Basel 1990

Ders., Früh biegt sich, was ein Haken werden will. Basel 1998

Weisser, Ambros, Katalog: Musikwerke-Fabrik Ambr. Weisser, vormals Hubert Blessing, Unterkirnach, o.J., Sonderdruck anläßlich des 25jährigen Bestehens der Gesellschaft für selbstspielende Musikinstrumente e.V., 2000

Welte, M., Welte-Mignon im eigenen Heim. Freiburg o.J.

Wendel, Siegfried, Das mechanische Musikkabinett. Die bibliophilen Taschenbücher Nr. 365, 2. Auflage, Dortmund 1984

Wernet, Otto, Die Waldkircher Narrenorgel oder die Wiedereinführung des Moritatensingens, in: Wir, Leben im Elztal, 02/1998, S. 20

Wetzel, Max, Waldkirch im Elztal. Waldkirch 1923

Whitehead, Graham, A Souvenir Booklet of Ashorne Hall, Home of the Famous Nickelodeon **Collection, Coventry o. J.**

Wimmer, Ullrich, Von der Orgel aus gesehen. Menschen vor der Drehorgel. In: Die Drehorgel, 28.Jg., Nr. 52, Juli 1997, S. 44; 29. Jg. Nr. 54, Juni 1998, S. 53; Nr. 55, Dezember 1998, S. 13; Nr. 56, Juni 1999, S. 35; Nr. 57, Dezember 1999, S. 52

Ders., Kommen Sie nicht untern Leierkasten. Über Drehorgeln und Drehorgelleute. In: Musik und Unterricht, Zeitschrift für Musikpädagogik, 8.Jg., Heft 47, 1997, S. 30-32

Ders., ... nicht den Körper, sondern auch seine Seele müßt ihr suchen. Vortrag anläßlich der Präsentation der Ignaz-Blasius-Bruder-Figurenorgel, 1838, von Joseph Reich am 29. November 1997 in Waldkirch, im Auszug abgedruckt in: Das mechanische Musikinstrument, Nr. 71, April 1998, S. 62-64, in anderem Auszug abgedruckt in: Waldkircher Heimatbrief, hg. vom Heimat- und Verkehrsverein Waldkirch und Umgebung, Nr. 167, Mai 1998, S. 1-3

Ders., Steine können sprechen. In: Die Drehorgel, 29. Jg., Nr. 55, Dezember 1998, S. 5

Winkler, Josef, Der tolle Bomberg. Ein westfälischer Schelmenroman, Stuttgart, Berlin und Leipzig (1925)

Woolf, Virginia, Flush. Orlando. Zwei Biographien. Hg. v. Klaus Reichert, Fischer TB 50145, Frankfurt a.M. 1998

Württembergisches Landesmuseum Stuttgart, Musikinstrumentensammlung im Fruchtkasten. Begleitbuch. Stuttgart 1993

Zahn, Eva (Hg.), Facsimile Querschnitt durch die Fliegenden Blätter. Eingeleitet von Erich Pfeiffer-Belli. Bern, Stuttgart, Wien o.J.

Zeraschi, Helmut, Die Drehorgel in der Kirche, in: Musik und Kirche, 32, 1962, S. 168-175

Ders., Die Drehorgel in der Kirche, Zürich o.J. (1973)

Ders., (Hg.), Drehorgelstücklein aus dem 18. Jahrhundert in Originalen, zubereitet für Flötlein sowie fürs Klavier oder andere Tasteninstrumente. Edition Peters, 9162, Leipzig 1973

Ders., Drehorgeln. (1976), Zürich 1979

Ders., Musikalische Schnurren und Schnipsel. (1977), 3. Aufl. Berlin 1980

Zille, Heinrich, Heinrich Zille. Vater der Straße. Ausgewählt und hg. von Gerhard Flügge, 4. Aufl. Berlin 1964

Sachregister

Aeolian Orchestrelle	105	Diana	76
Äoline	75	Drehorganist	92
Äolodikon	75	Drehorgel	7, 19-119
Äolomelodikon	75	Drehorgelmusik	42
Äolsklavier	75	Drehorgelspiel	7, 31-96
Äolopantalon	75	Drehorgelspieler	7, 31-96
Adler	15	Duo-Art	103
Akkordeon	17, 75	Edelweiss	16
Akkordeon Electrique	100	Elite	108
Amabile	76	Encore	100
Amorette	76	Erato	108
Ampico	103	Federgehäuse	12
Androide	17-20	Flötenspieler	17, 72, 99
Antiphonal	101	Flötenuhr	21-32, 70, 115
Ariston	76, 101, 126	Flutina	76
Ariosa	76	Figurenorgel	71, 73, 89
Arpanetta	100	Filmoklarinette	99
Arrangeur	65, 67	Filmophon	99
Audiomatophon	99	Fortuna	15
Automat	18	Geigen-Clavizymbel	99
Automatische Capellen	20	Geigen-Piano	100
Bänkelsang	125	Glasglocken	26
Bänkelsänger	46, 47	Glocken	9-15, 21-25, 42, 101
Bahnhofsautomaten	13	Glockenspiel	9, 21-26, 41, 127
Bandinophon	99	Gloria	14
Bandoneon	75	Gramophone	111
Banjo	100	Grammophone	122
barrel-organ	64	Grandezza	108
boite à musique	13, 122	Graphophone	111
Bouteillophone	22	Hackbrett	89
Brabo	108	Hammerklavier	26
bracket clock	25	Handharmonika	75
carillon	9, 21, 25	Harfe	23-26, 69-75, 100, 120, 124
cartel	13	Harfenuhr	24, 26
churchmusic	61	Harmonium	39, 64, 75, 89, 101-106
Clarophon	76	Harmonola	106
Claves	21, 70	Herophon	76
Cordeophon	100	Holzräderuhr	26
Cymbal	99	Hornwerk	23

Intona	76	Moritat	46-48, 53, 97
Isola	108	Multiplex Verfahren	109
Jahrmarktsorgel	60, 116, 124	Mundharmonika	55, 99
Kalliope	15, 124	Musikautomat	21, 23, 115
Kalliston	76	Münzautomatik	16. 101
Karussellorgel	29, 121	Musikarrangement	67
Kinoorgel	109, 122, 125	Musikdosen	9, 10, 12, 108
Kino-Violano	108	Musikinformationsträger	27
Kirchenmusik	62	Musikuhr	24, 104
Kirchenmusiker	62	Mutteraufnahme	102
Kirchenorgel	31, 32, 62, 64, 81	Nachtigallenzug	81
Komet	15	New Century	16
Kornett	99	Nickelodeon	109
Kriegsinvaliden	43	Orchesterdose	13
Kuckucksregister	81	Orchestrelle	105
Kunstuhr	21	Orchestrion	101, 106-108
Kurbelpiano	99	Orchestrionbau	20, 69
Laterna magica	44	Organetto	76
Laudon-Mausoleum	25	orgue de Barbarie	31, 51
Leierkasten	31-65, 89-98, 116, 120	Orgeldreher	48, 54, 56, 57, 95
Leierkastenspiel	39	Orgelmann	39, 45, 56, 92-97, 119
Leiermann	33, 34, 53, 54, 94, 96	Orgelwalze	21,105
Leporello	76	Orpheus-Klavier	101
Lochband	76	Oskalyd Orgel	109
Lucia	76	Otero	108
Luna	108	Panharmonicon	106, 107
Maesto	108	Papierrolle	11, 29,104
Magic Organa	99	Parléophone	111
Mandoline	9	Peroquette	87
Manopan	76	Pfeifen	25, 70
Märchenautomat	20	Pfeifen-Orchestrion	106
Marotte	11	Phoenix	76
Melodion	76	Phonograph	110
Meloton	76	Phonola	101. 103, 104
Merline	81	Phonoliszt-Violina	100
Methodistenorgel	64	Photoplayer	109
Mignon	76, 103, 104	Pianoforte	101
Mikrochip	29	Pianola	46, 101, 103, 104
Mira-Musikdose	109	Piano Melodico	101
Miraphon	109	Pianoorgel	101
Möbiusschleife	113	Piano-Orchestrion	106

Pierement	24, 60
Pionne	81
Pistonet	99
Platte	15, 16, 27, 76, 101, 111, 112
Plattenschatulle	15
Plattenwechsler	16
Plattenspielwerk	15, 17
Polyphon	15, 103
Puppe	17, 48, 72, 92, 94
Puppentheater	21
Raritätenkabinett	25
Regina	101
Reproduktionsharmonium	105
Rollmonika	99
Rossignol	81
Rückenklavier	101
Saiten	21, 25, 26, 74
Salon-Orgel	64, 74
Saxophon	99
Schausteller	40, 60
Schellackplatte	111
Scheola	105
Schleuderpüppchen	11
Selbstspiel-Klavier	101, 105
Serinette	81
Sonatina	99
Sonora	76
Sphärophon	105
Spieldosen	9, 16, 20
Spiraldämpfer	10
Sprechapparat	110
Sprechmaschine	109, 110
Stecher	21
Stella	16
Stifte	12, 21, 40, 68
Stiftscheibe	9
Straßenklavier	101
Straßenmusik	47, 60
Stutzuhr	25
Styria	108
Symphonia	109
Symphonium	15
Tabatiere	12
Tamburin	41
Tanzbär	99
Tanzorgel	60
Taschenuhrwerke	12
Tefifon	113
Tino Rossi	19
Tonkamm	9, 11
Trombino	99
Trommel	11, 99, 106, 107
Trompetto	99
Uhr	11, 22-25, 70-72, 99, 105
Unika	108
Vibrograph	110
Viertelton-Klavier	105
Violano	100, 108
Violano Virtuoso	100
Vogelorgel	81, 87
Vogelsang	81, 87
Volksklavier	100
Vorsetzer	101, 103
Walzendrehorgel	31
Walzenklavier	101
Wasserorgel	99
Wasseruhr	99
Welte-Mignon	103
Welte-Philharmonie-Orgel	106
Welte-Verfahren	104
Zungendrehorgel	20
Zylinder	12, 33, 110, 111
Zylinderspielwerk	21

Mechanische Musik Instrumente !
Automatic Musical Instruments !
Internet: http://www. pianola.de

Seit 28 Jahren Fachwerkstatt mit ständig wechselder Verkaufsausstellung !
Bitte besuchen Sie uns !
Workshop and Exhibitition since 28 years ! Please contact us !

Pianolas & Phonolas - Reproduktionsklaviere
Elektrische Klaviere & Orchestrione
Dreh- &. Karussellorgeln - Flötenuhren & Automaten
Spieluhren & Spieldosen - Phonographen & Grammophone

Player Pianos & Reproducing Pianos - Nickelodeons & Orchestrions
Hand crankend Barrel Organs - Hurdy Gurdys & Monkey Organs
Organettes & Fairground Organs
Cylinder & Disc Music Boxes - Talking Machines

PIANO BAUS GmbH & MUSIK ANTIK

Niester Str. 5 - D- 34260 Kaufungen-OT: Oberkaufungen
Phone: (49)(0)5605 - 92 73 31 - Fax: 92 73 04
e-Mail: pianobaus@aol.com

Im Handumdrehen viel Freude

DELEIKA®

» Die Drehorgel «

Handwerklich gefertigte Perfektion, mit 20 und 26 Tonstufen und 20, 31 oder 44 Pfeifen von ausgesuchten Hölzern.

DELEIKA®-Drehorgeln gibt es in vielen Ausführungen.

In unbemaltem Gehäuse, damit sie selbst kreativ werden können. Unikate, von Künstlern bemalt, und Drehorgeln mit hochwertigen Intarsien versehen.

Notenbänder mit über 1000 Liedern stehen zur Auswahl.

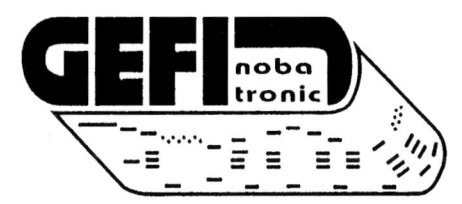

Nostalgie verbunden mit modernster Technik!
19. Jahrhundert und 21. Jahrhundert in der
GEFI noba-tronic-Drehorgel sinnvoll vereint.

Sie können spielen wie vor hundert Jahren. Notenband einlegen und die GEFI noba-tronic-Drehorgel erklingt in ihrer vollen Klangstärke. Liebhaber einer originalgetreuen Drehorgel kommen voll zu ihrem Vergnügen.

GEFI noba-tronic, die patentierte Memorysteuerung macht es möglich, daß Sie mit einem Super-Memory 1000 Lieder abspielen können, dies auch noch in beliebiger Reihenfolge und das Repertoire ist erweiterbar!

Strophen können beliebig wiederholt werden. Für echte Stimmung, eine tolle Sache. Geschwindigkeit und Kurbeln, genau wie beim Notenbandspielen.

Mit einem Wunsch-Memory haben Sie ständig »Ihren neuesten Hit« zur Hand und damit gute Laune und Freude im Handumdrehen.

Fordern Sie noch heute kostenlose Information und Vorführung an!

DELEIKA®-Drehorgelbau GmbH
D-91550 Dinkelsbühl - Waldeck

Telefon 09857/9799-0
Telefax 09857/9799-17

http://www.deleika.de
eMail: Info@deleika.de

DREHORGELBAU
JOHANN GEBERT

In meiner Werkstatt werden neue Drehorgeln in feinster handwerklicher Manier hergestellt. Die Orgeln sind Einzelstücke, welche mit Intarsien aus dem eigenen Hause versehen werden. Vorstellungen und Gestaltungswünsche von Kunden setze ich gerne um. Ich übernehme alle anfallenden Restaurierungsarbeiten an selbstspielenden Musikinstrumenten, hier sind in erster Linie Walzen-, Karton- und Rollennotenorgeln, Orchestrien, Flötenuhren und selbstspielende Klaviere gemeint. Auch Neugestaltungen und Vergoldungen von Schausteller- und Konzertorgel-Fassaden werden fachgerecht durchgeführt. Ein Besuch in meiner Werkstatt wird Ihnen weitere Anregungen geben können.

Telefon 00 33 (0) 3 89 72 90 49
Atelier Johann Gebert 1.rue de Neuf-Brisach F-68600 VOGELSHEIM

ORGELBAU STÜBER BERLIN

Handwerksbetrieb seit 1977

Fabrikation & Restaurierung

Original Berliner Drehorgeln natürlich (und) ohne Elektronik

Orgelbaumeister Axel Stüber
Eitelstr. 1, D - 12683 Berlin
Tel. (030) 5436105 Fax (030) 54800206
http://www.Orgelbau-Stueber.de

Musikproduktion Drehorgelverleih und Verkauf

Wilfried Hömmerich

An der Düne 47
53119 Bonn-Tannenbusch
Tel.:　　02 28 / 66 94 82
Fax:　　 02 28 / 66 49 91
www.drehorgel.de

Suchen Sie Drehorgelmusik auf Schallplatten, Musikcassetten oder CD's?

Möchten Sie von Ihrer Drehorgel, Flötenuhr und anderen Instrumenten Tonaufnahmen erstellen?

Wollen Sie eine Drehorgel, Kirmesorgel, Tanzorgel kaufen oder mieten?

Wenn Sie Drehorgelfragen plagen, müssen Sie einfach „Wilfried" fragen!